大学生思想政治教育系列丛书

新形势下高校学生工作品牌
——以"五爱"教育品牌培育为例

郭凤臣　董琛　付新莽◎著

中国纺织出版社有限公司

内 容 简 介

本书通过对品牌、高校品牌、学生工作品牌等概念的分析，对高校学生工作品牌的概念作出新的界定。以多个特色"五爱"教育学生工作品牌为例，夯实"爱己、爱家、爱校、爱党、爱国"教育工程，探索树立"高校学生工作品牌"的新模式。挖掘品牌特色，分析品牌定位，结合教学特色、就业出口等重构并推广高校学生工作品牌，塑造学校的良好形象，提升其知名度。让学校师生对学生工作品牌建设具有更多的了解和认同，积极地参与到品牌建设中。最终达到引导广大学生做社会主义核心价值观的坚定信仰者、积极传播者、模范践行者，促进学生全面健康发展的目的。

图书在版编目（CIP）数据

新形势下高校学生工作品牌：以"五爱"教育品牌培育为例 / 郭凤臣，董琛，付新莽著 . -- 北京：中国纺织出版社有限公司，2024.5
（大学生思想政治教育系列丛书）
ISBN 978-7-5229-1498-5

Ⅰ.①新… Ⅱ.①郭… ②董… ③付… Ⅲ.①高等学校－学生工作－研究 Ⅳ.①G645.5

中国国家版本馆 CIP 数据核字（2024）第 054038 号

责任编辑：宗 静　责任校对：寇晨晨　责任印制：王艳丽

中国纺织出版社有限公司出版发行
地址：北京市朝阳区百子湾东里 A407 号楼　邮政编码：100124
销售电话：010—67004422　传真：010—87155801
http://www.c-textilep.com
中国纺织出版社天猫旗舰店
官方微博 http://weibo.com/2119887771
三河市宏盛印务有限公司印刷　各地新华书店经销
2024 年 5 月第 1 版第 1 次印刷
开本：787×1092　1/16　印张：9.75
字数：192 千字　定价：88.00 元

凡购本书，如有缺页、倒页、脱页，由本社图书营销中心调换

序

　　高等学校是开展大学生思想政治教育的主阵地，辅导员工作是对大学生进行思想政治教育的主渠道之一。然而，思想政治教育在高校大学生心目中并不被重视，学生的学习积极性并不高，效果不理想。充分发挥高校辅导员在大学生思想政治教育中的主导作用，构建一种行之有效的"开放式、立体化、全方位"育人模式尤为重要。辅导员立体化教育系列著作主要包括《心路》《辅导员随笔》《辅导员工作案例微电影》《辅导员立体化工作过程》《我的100个学生100个故事》《新形势下高校学生工作品牌——以"五爱"教育学生工作品牌培育为例》……

　　本系列著作是作者提出的辅导员育人载体路径上立体化的具体成果。在符合教育环境大背景的前提下，在辅导员工作内容的范畴之内。采取小说、电影（微电影）、戏剧、微信公众号、APP端手机数据库后台、辅导员网站、特色校园文化、大学生生活导报、辅导员周记、辅导员随笔等载体。本系列著作特点：形式多样化，有声音、文字、视频、图片、戏剧等，储存信息量大，与德育课程紧密衔接，栏目形式多样，喜闻乐见，师生能够互动，学生愿意接受这种方式，栏目设置灵活，传播迅速，收视阅读率高。

　　本系列著作内容丰富，形式新颖，切合实际，可操作性强，体现了与时俱进的意识和发展的思想，是辅导员必备的读物，对辅导员的工作有着深远的意义。

　　有利于提高育人效果：高校辅导员立体化德育相对于平面化德育来讲更生动、形象、具体、真切。克服了简单、枯燥、抽象说教的弱点，以增强德育的吸引力和德育的实效性。

　　有利于德育教育资源的整合：高校辅导员立体化德育强调全方位、多渠道、系统影响和综合作用。有利于开辟多种教育渠道，进一步发挥家庭、社会、学校和个人的教育影响，充分发挥高校育人功能。

　　有利于扩大德育教育的覆盖面和渗透力：高校辅导员立体化德育强调充分利用小说、电影（微电影）、戏剧、微信公众号、APP端手机数据库后台、辅导员网站、特色校园文化、辅导员周记、辅导员随笔等现代传媒手段，方便快捷、生动形象、应用广泛，可以大大增强教育的覆盖面和渗透力。

　　丰富新形势下高校辅导员工作的理论，促进高校思想政治教育理论的不断丰富和发展。为高校辅导员工作的不断创新发展，提供一定的理论参考价值和实践支持。结合新形势下高校辅导员工作实践，提出若干具体的且可操作的"立体化育人"工作模式，为高校辅导员思想政治工作实践提供参考。

陈景翊
2024年1月于长春

前言

为深入贯彻落实全国高校思想政治工作会议、全国教育大会精神和高校大学生思想政治工作会议精神，落实《高校思想政治工作质量提升工程实施纲要》，坚持立德树人根本任务，推进立德树人根本任务落地落实落细，通过"一盘棋"系统理念，探索形成各领域同题共答、各环节同向发力的育人工作机制，完善"五育并举""三全育人"格局。以"五爱"教育为载体，发挥学生工作品牌培育方面的育人功能，聚焦高校内涵发展，实施"一院一品""一人一特色""一班一亮点""一人一计划"特色亮点工程，强化新形势下高校学生工作品牌的内涵和功能。

"一院一品"等学生工作品牌特色项目是质量提升工程的重要载体，构建十大育人体系的生动表现。院（系）结合办学特色和专业特点，打造了一批品位高雅、形式新颖、内容丰富、特色鲜明的品牌。既体现学校历史文化积淀，又展示学校学科专业特点，凝聚学校文化特色，更重要的是将师生紧密融合在一起，打造具有示范性的学生工作品牌，打造影响广泛的品牌效应和知名度。本书对每个案例的背景、目的、实施过程和效果进行详细的描述和介绍。这些案例不仅具有很强的可操作性，而且每个案例都有其独特的亮点和创新点，对于其他高校开展学生工作品牌建设具有重要的借鉴意义。通过理论与实践相结合的案例，希望能够激发其他高校开展学生工作品牌的创新思维和创新精神，共同探索出适合自己学校的学生工作品牌建设之路。同时，也希望能够通过本书的出版，为推动我国高等教育事业的发展和进步做出一份微薄的贡献。在编写本书的过程中，得到了许多专家学者和一线教育工作者的支持和帮助。在此，我们对他们的热情支持和耐心指导表示衷心的感谢。最后，希望通过本书的出版，能够为全国其他高校开展学生工作品牌提供更多的实践案例与理论帮助，共同为实现立德树人的根本任务而不懈努力。

本书依托于吉林省职业院校思想政治教育研究基地，是其基地阶段性的研究成果，由郭凤臣担任主编，负责书稿的组织编写、写作提纲的起草、撰写部分文稿和全书统稿工作，参加本书撰写工作的还有董琛、车驰，本书在编写和实践工程中，得到了学校领导的关心和支持，得到了同事们的帮助和理解，在此表示衷心的感谢！

  本书在编写工程中，广泛查阅了近年来国内高校学生工作品牌建设研究成果，参考借鉴了大量同仁的研究成果，在此一并向这些资料的作者表示深深的感谢。由于编者水平有限，书中难免有不足和疏漏，敬请广大读者批评指正！

著者

2024 年 1 月于长春

目录

第一章　学生工作品牌的相关概念　001
第一节　高校学生工作品牌的概念　001
第二节　高校学生工作品牌建设的特征与价值　020
第三节　"五爱"教育学生工作品牌的相关概述　028

第二章　学生工作品牌的创建　037
第一节　创建思路　037
第二节　创建原则　049
第三节　定位和名称　059
第四节　运行机制　068
第五节　"五爱"教育学生工作品牌的培育探索　073

第三章　学生工作品牌的发展策略　087
第一节　打造学生工作品牌知名度　087
第二节　提升学生工作品牌竞争力　095
第三节　优化学生工作品牌价值性　099
第四节　构建学生工作品牌维护机制　101
第五节　推进"五爱"教育学生工作品牌与教学相融合　103

第四章　学生工作品牌的评价体系建设　112
第一节　品牌评价相关概述　112
第二节　构建评价体系的意义　116
第三节　构建评价体系的原则　120

| 第四节 | 构建学生工作品牌建设评价体系 | 129 |
| 第五节 | "五爱"教育学生工作品牌建设评价体系 | 136 |

参考文献　　　　　　　　　　　　　　　　　　　　147

第一章
学生工作品牌的相关概念

第一节
高校学生工作品牌的概念

一、品牌

汉语中"品牌"这个词是一个"舶来品",其英文为Brand,来源于古挪威语中的Brander一词,是指将燃烧的印章烙印到物品上,当时北欧地区的人们使用这种方法来区别自己与他人的物品。后来,"品牌"这一概念不断发展,其内涵也随着社会的发展而不断更新、丰富。正是由于其内涵随着时代的发展而不断演变,因此,目前学术界对于"品牌",仍然没有形成一套普遍认可的定义。但这并不妨碍在理论和实践中对品牌及其相关概念的研究和应用,学术界和商业领域的理论研究和实践者,往往根据自己的理论基础和实践经验对"品牌"的内涵进行解释,以方便理论研究和实践操作。高校管理科学化、制度化水平的进一步提升,使品牌形式多种多样,品牌效果不断彰显,促进了品牌的创新与发展。本书主要分析学生工作品牌建设的内涵,探讨学生工作品牌建设作用及意义,指出学生工作品牌建设的新路径,培养和树立积极的品牌意识、更新和创建全新的品牌理念、设计和构建科学的运行体系、建立和健全科学的评价机制、宣传和扩大品牌的影响效果,并提出学生工作品牌建设要注意的问题,以助力学生成长成才。

学生工作品牌建设的内容广泛,涉及教学、科研、管理、服务等诸多领域,形式也多种多样。但在学生工作品牌建设的目的上,与商业品牌建设有所不同的是,其主要是为了彰显办学特色,发挥品牌示范效应,增强工作实效,实现育人目标。

（一）学生工作品牌建设特点

1. 优质

学生工作品牌的形成需要经历一个发生、发展和凝练的过程，也需要一个不断积累和积淀的过程。在这一过程中，那些常规的、不具有可操作性的、不具备影响力的品牌项目会被逐渐淘汰掉，最终形成最有优势的品牌。学生工作品牌代表所在高校学生工作在某一领域的最高层次，所以说，优质性是学生工作品牌的一个重要特性。

2. 特色

每所高校在长期办学过程中都会形成区别于其他高校的具有自身发展特色的优势项目，这种特色应该是独一无二且具有一定影响和积淀的。品牌项目必须建立在特色这个基础之上，最根本的特点就是你无我有、你弱我强，否则就谈不上品牌。所以，学生工作品牌的建立必须是特色鲜明的。

3. 示范

首先，品牌的示范性要从设立品牌的初衷谈起，高校设立品牌的目的之一就是要依托品牌的引领和示范效应，促进本校整体工作的开展。品牌建立和运行的好坏，不仅涉及品牌自身的生存和发展问题，还关系到是否对其他工作产生积极的影响，是否能够发挥品牌的示范引领作用。其次，品牌是在反复淘汰和磨炼中形成的，好的品牌不仅能够提升自身的发展质量，而且能够促进高校其他工作的协调发展。

4. 时效性

实效当前，时代在变，机遇在变，家长和学生的诉求在变，学生工作面临着新的困难和挑战。一些已经形成的高校学生工作品牌，虽然在特定的时间内表现非常稳定，影响比较大，但如果不注重升级和创新，不能因时而动、因事而变的话，很容易被淘汰。品牌的生命力，最终取决于它是否具有长期而稳定的时效性。

（二）学生工作品牌内涵

学生工作品牌是高校在学生工作领域逐渐培育起来的，具有较高社会认可度的特色学生活动项目或高水平工作模式。近年来，一些高校为了追求各自的办学理念和办学特色，积极开展品牌建设工作，挖掘品牌内容，提升品牌质量，扩大品牌效应。

1. 品牌是一种区隔符号

美国学者林恩·阿普绍曾在其有关塑造品牌特征的著作中指出，品牌是名称、标志和其他可展示的标记，使某种产品和服务能够区别于其他产品和服务[1]。这种说法比较接近品牌一词最初的作用和内涵。随着时代的不断发展，如今品牌这个概念的内涵已

---

[1] 林恩·阿普绍.塑造品牌特征[M].戴贤远，译.北京：清华大学出版社，1999.

十分丰富，虽然品牌仍然具有符号和标志性特征，也具有与其他产品和服务相区分的作用，但这只是现代品牌概念中最浅显、表面的内涵，远不能涵盖品牌这一概念的全部内涵。

例如，某校生物与食品工程学院开展的第二课堂培育活动，能够进一步推进学生素质教育，增强对学生的综合素质培养，丰富校园文化生活，提升学校办学水准。此活动涉及面广，内容丰富，能开阔学生的视野，提高学生的综合能力。有利于培养学生的学习兴趣与特长，提高学生的意志力、进取心、责任感和荣誉感，促进学生全面发展；还可以激发学生学习兴趣，发展学生个性，增强学生信心，提高整体素养，通过组织开展社团活动，让更多的学生有机会培养组织活动能力，充分展示个人才艺，使他们对学习、对人生、对前途充满信心。通过社团开展的丰富多彩的实践活动，通过组织到社区、企业等实际考察调研、开展志愿服务等活动，可以提高自己的专业知识水平，帮助学生树立正确的理念，提高思想教育内涵，体会到自己的价值。这个活动便成为生物与食品工程学院的学生工作品牌。当提及第二课堂的时候，人们自然而然地联想到生物与食品工程学院。

2. 品牌是一种价值担保

随着社会的发展，市场经济逐渐发展壮大，商品和服务也越来越多，消费者一方在寻求商品或服务的时候，便有了更多的选择权。随着质量更高的商品和服务不断被更多消费者选择和认可，区分商品和服务的标志——品牌，在承担区隔符号角色的同时也具有了一定的经济价值。因此，英国品牌研究者L.D.彻纳东尼和M.麦克唐纳认为，一个品牌就是一个产品、服务、人或地方，让购买者或使用者获得最能满足他们需要的独特价值。可见，在现代经济社会中，品牌在作为产品或服务的商标、标识的基础上，还因为其具有稳定和独特的性质而成为市场运营的一种资源。品牌除了是一种标识，还是代表着对其所代表的产品或服务的市场承诺。消费者通过购买、使用某品牌的产品或服务，而形成对该品牌产品或服务所具有的价值的印象，而这种印象也在消费者多次消费产品或服务的同时逐渐加深，而形成对该品牌产品或服务品质的联想，进而产生相应的经济效应。

例如，某校艺术与设计学院开展的"志在心中，愿在行动"活动，鼓励大学生到实践中去、到基层去，经受锻炼，健康成长。在新的形势下，站在执政兴国和人才强国的战略高度，需要长期坚持，不断完善，并逐步形成制度。以"提高青年整体素质，促进社会的和谐与发展"为行动宗旨，努力做到"服务周边群众、拓展学生能力、健全组织管理、追求持续发展"，结合社会对大学生职业技能和个人综合素质的双重期待，将学生的技能培训与素质提高有机融入于志愿服务中，将志愿服务作为大学生思想政治教育的生动教育载体，实现"促进社会进步与提升自身能力"的兼顾发展。立足于志愿服务常态化、制度化建设，强调志愿服务的延续性与保障性，把服务的义务性质和责任意识结合起来。在学生的思想政治教育工作上实现了方式和载体的创新，对大学生志愿服务团体的品牌化建设做了有益尝试。

通过实践项目，提高团队成员的分析能力，将所学的东西运用于实践，展示社会实践的成果，并激励以后做出更多更好的成绩。极大地增强同学们的责任感和使命感，从而达到预期的效果。根据团队的项目计划进行分工合作。社区服务主要是去到社区，为社区做一些力所能及的事情，比如帮助孩子改造衣服、墙绘等工作。社区是每一个人共同生活的地方，不管是任何人都要遵守道德文明公约，努力地将自己生存的地方打造得更加美好与幸福。该项目实施之前负责人已经对此次项目做好充足的准备和计划，充分收集并告知成员应注意的安全事项，让各成员了解本次活动可能出现的个人安全问题并做好防范准备。保证每个团队成员在负责人的允许、可及的范围内进行任务与活动。在社会实践过程中，收获了群众的好评认可，共同见证了学生热心、爱心和责任心，致以最真诚的感谢和问候。真切地感受到生活中是需要有更多的人来为这个社会做更多的贡献。虽然志愿者的行动没有任何利润，但为社会而服务，为生活的周围做贡献，是非常有意义的。

本次社会实践项目旨在调研，要坚持理论联系实际的原则，通过形式多样的社会实践活动，激发学生了解社会实践的积极性和主动性，进一步发挥社会实践在加强和改进大学生思想观念方面的积极作用。引导广大青年学生在社会实践中认真学习和实践，加深对社会主义核心价值体系的理解，为中国特色社会主义事业培养更多全面发展的合格建设者和可靠接班人。活动充分地体现出品牌是一种价值担保，尤其是在教育和职业领域。学生的工作品牌涵盖了成绩、技能、经验和声誉。一个强大的学生工作品牌可以增加在就业市场上的竞争力，让雇主更容易相信学生的能力和价值。学生可以通过取得良好的学术成绩、积累实际工作经验、参与志愿活动和建立专业关系来增强自己的工作品牌。积极的社交媒体也有助于塑造一个强大的学生工作品牌，向潜在雇主传达自己的能力和价值观。因此，学生工作品牌可以作为在职业生涯中获得就业和成功的一种重要因素。为构建美育的全员性、全程性和全方位性，学校积极统筹全校各领域、各环节、各方面的育人资源和育人力量，推动"三全育人"工作在基层落实落地，打造可转化、可推广的样板品牌，实现师范学生整体艺术修养的提升。

【案例：大学生美育教育特色品牌】

某校教育科学学院提出美育是审美教育、情操教育、心灵教育，同时也是丰富想象力和培养创新意识的教育，能够提升审美素养、陶冶情操、温润心灵、激发创新创造活力。美育在整个素质教育中占据着重要的地位，与德育、智育、体育、劳育同等重要，是素质教育中不可或缺的一部分。"三全育人"理念符合新时代对于高校教学的要求，为高校教学的发展指明了方向。在这样的理念指引下，美育工作凸显了其重要作用，尤其是职业师范院校的美育工作。如果能够充分利用师范生的第二课堂时间围绕学校"五爱"教育，开展美育工作，必然会使美育工作的效果得到极大提升，从而使师范生的综合素质得到进一步提高。通过美育工作，可以使师范生对美有一个更加深刻的认知，使其鉴赏美的能力得到开发，综合能力得到提升，在他们进入工作岗位后，能够担当好人民教师的时代重任，使美育工作得以延续，更好地指导他们的学生成长成才。

（1）学院精准设定"三全育人"目标

学院全力推进"三全育人"体系建设，以"学生发展"为中心，以社会主义核心价值观为引导路径，全员参与、全过程引领、全方位指导，推进"三全育人"新格局为确保师范生的全面发展，塑造成为能够肩负起民族复兴大任的时代新人。学院将社会主义核心价值观作为教育的重要内容，注重对师范生思想的塑造。通过教育引导，使师范生真正认同社会主义核心价值观体系，并将其运用于生活实践之中。同时，学院实施德智体美劳"五育并举"的教育策略，全面提升师范生的素质和能力，使其具备真才实干。为增强师范生的责任意识和使命意识，学院积极推行课程思政，将思政内容融入各个学科各个课程之中。例如，在艺术联合会活动中，除了舞蹈作品的欣赏，还向参与活动的师范生讲解各舞种的历史发展、文化背景，阐述各类舞蹈的美学价值和作品内涵。通过展演的形式向全院师范生推广舞蹈的美学价值，以此推进师范生的审美意识，达成美育教育的目的。通过以上措施，学院致力于培养具备社会主义核心价值观、全面发展、拥有真才实干的师范生，为民族复兴大业贡献力量。

（2）学院实施"青师系列"育人活动

学院全面实施"青师系列"育人活动，由成长导师组织的理想信念教育的青师讲堂，由课程导师倡导的带给师范生职业体验的青师剧社，由科研导师指导的培养师范生职业素养类学术期刊《青师坛》，由实践导师引领促进职业发展的青师沙龙等第二课堂活动，保障了师范生职前思想塑造与能力培养。

（3）学院多次举办"第二课堂"活动

为激励学前教育专业学生奋发向上，全面提升综合素养，学院与工博产业学院联合，在学校报告厅举行了大型文艺汇演，为学生提升专业技能水平搭建了平台，增强了学生对学院和专业的认同感和归属感，为加强校园文化建设增添了一抹亮色。为丰富学生的校园生活，增添学习乐趣，教育科学学院向教科学子们进行了作品征集，通过歌曲、网文、美术作品、动画、视频学霸笔记、给父母一封信、宅寝生活微视频、励志好书夜读推荐等活动，丰富大家的课余生活，鼓励大家坚定信心。

3. 品牌是各种关系的总和

随着人类社会经济的不断发展，经济结构变得越来越复杂，相应地，在品牌理论和实践研究方面,人们发现了更多与品牌相关的因素。一些学者认为,品牌是各种关系的总和。由于在市场中,产品最终价值的决定者是消费者,所以,主张品牌是各种关系总和的学者们主要从消费者与品牌相互沟通的角度来进行论述。美国Research International(RI)市场研究公司的马克思·布莱克森是提出"品牌关系"这一概念的第一人。同时,他还利用人机交互原理对品牌关系的双向互动性进行了解释,他指出,消费者和品牌之间的态度及相应的行为,在长期互动的条件下,逐渐形成相对稳定的关系。随后,相继有其他学者从"关系"的角度对品牌的内涵进行研究和论述。从总体上看,这些研究所梳理出的品牌关系主要包括三个方面,即"势均力敌"的品牌之间的关系、品牌与消费者之间的关系以及品牌与其利益相关者之间的关系。简单来说,就是品牌的主体、客体、载体之间的关系。

【案例:党建+的特色品牌】

电气与信息工程学院以"党建+"为工作机制,打造"党建+"的特色品牌。以"提升人才培养质量"为目标,以打造学习型党组织为抓手,秉持以学生为本,以德育为主导的工作理念,不断总结党建工作经验,创新工作思路和方法方式。在人才培养、科学研究、社会服务、文化传承等方面,因地制宜精心谋划,统筹组织精准发力,提升党员服务质量,促进各项工作再上新台阶,树立新时代学生党支部建设工作"风向标"。

该项目坚持以树人为核心、以立德为根本,围绕学校"五爱"教育精神,扩大组织育人方式的广度、提升"五爱"教育育人实效,打造"党建+铸学魂、党建+强学风、党建+严管理、党建+新实践、党建+创服务"五大特色品牌,凝聚育人合力,推进高校育人机制创新。

(1)党建+铸学魂:一是抓好党建主责主业,突出支部政治功能,发挥好政治把关作用。定期召开组织生活会与支部党员大会,在e支部上定期发布线上学习,将学生党员分期进行党课的集中培训和学习。全面提升支部工作质量。加强教育党员力度,以习近平新时代中国特色社会主义思想为指导全面贯彻党的"二十大"精神,使支部成员学懂、弄通、做实。二是提高对学院共青团青年的政治引领力。定期举办主题党日活动,增强主题党日实效,让党员在参与主题党日中不断提升党性修养,始终牢记和践行入党初心,不断提升主题党日精度、效性、力度。增进党员与学生之间的互动,提高党支部的组织力、凝聚力、战斗力,倡树优良学风。党支部在学院进行宣传演讲实践活动,增强青年的政治敏锐性和政治鉴别力,坚决拥护"两个确立",始终做到"两个维护"。

(2)党建+强学风:一是建立起党建与学风相长的机制,带动学风建设和人才培养工作。学生党建工作学习小组,先锋党员本着加强改进学生党建和思想政治工作为宗旨，积极将党组织的政治优势转化为工作优势，切实发挥思想引领、榜样带动、学风促进、生活服务等作用，打造学习型、服务型、创新型基层党组织。积极帮助解决群众困难，进行一对一服务。二是完善并推广智慧党建体系。运用平台积极开展学风建设工作，在加强党组织管理的同时，发挥党员作用，使党建工作与专业特色结合，促进学生的学习、工作、基本素质培养等和党建工作共同发展。

（3）党建+严管理：一是依据党员发展标准，切实保证新发展党员质量。严格执行十六字党员的发展方针，保证支部的生机与活力。注重政治合格，端正学生入党动机，学生党支部落实团组织"推优"入党制度，严把"质量关"。组织入党积极分子骨干培训班，制订切实可行的培训方案，使普遍教育与定向培训相结合。党支部把立德树人作为根本任务，充分发挥课堂教学的主渠道作用，掌握意识形态主动权，拓展新形势下大学生思想政治教育的有效途径，形成良好氛围和工作机制，实行"党建带团建"制度。二是依据优秀共产党员标准，建强党员队伍。全面推行党员积分量化管理，做到党员严守政治纪律和规矩、参加组织活动、履行党员义务发挥先锋模范作用等"有记录、有评价、有奖惩"，进一步增强党员教育管理针对性和有效性，增强党员的责任感和使命感，打造可推广的党建品牌。

（4）党建+新实践：一是引领实践服务，构建育人环境。组织学生党员，参与"抗疫志愿服务"和"三下乡社会实践志愿服务"等志愿服务活动，利用校园内外、网上网下等宣传平台，使学生党员起到先锋模范带头作用，充分带动成员先进性。坚持"三全育人"，建设特色支部。始终以党建为统领，开展志愿服务工作，务实举措。进一步加强支部特色建设，以学生社团为依托，加大志愿服务力度，建设一支有力的志愿服务队伍，形成一套志愿服务特色工作模式。

（5）党建+创服务：一是开展特色项目，丰富服务载体。在网上搭建交流平台，密切联系群众。与街道社区紧密联系，开展"暖心工程"，走进养老院、老年社区等慰问孤寡老人，号召学生党员利用课余时间积极参与。二是树立服务典型，形成群体效应。选树典型并大力宣传优秀党员的社会服务事例，在学生党员争做先锋模范上积极发挥组织、协调、督促、引导作用。常态化了解师生困难诉求，倾听师生意见建议，将师生有困难找支部、有问题找党员帮扶机制落实。落实党建进宿舍服务工作，加强顶层设计，夯实组织基础，实现党组织在学生公寓的有效覆盖，创新设置形式，健全组织体系。建立与"楼—层—宿舍"学生公寓管理模式相对应，以学生党员一人对应一个宿舍，进行义务管理。

电气与信息工程学院将品牌的各种关系的总和紧密联合起来，包括学生在学校和社会中建立的声誉、信任和认可。这涉及与教师、同学、导师、校友及潜在雇主之间的关系，通过积极管理这些关系，学生可以塑造自己的工作品牌，提高他们以后在职场中的竞争力和职业成功的机会。

4. 品牌是一种无形资产

随着市场经济的发展，品牌的经济价值也在与日俱增，人们对品牌的认识也在逐渐深化，尤其是在经济领域，品牌的增值效应已经成为企业运营重点关注的内容。主张品牌是一种无形资产的学者认为，品牌是一种超越商品、商标、广告、包装等外在表现的无形资产，它是一种形象认知，并以此为基础延伸出偏好、忠诚等无形要素。被称为"现代品牌营销之父"的美国品牌管理大师大卫·艾克提出了品牌资产的"五星"概念模型，他认为品牌资产由知名度、认知度、联想度、忠诚度和其他专有资产五部分组成。消费者根据自己对产品或服务的体验、认知等自由形成对于产品或服务的价值判断，同时这种价值判断又与品牌相关联，进而产生一定的经济价值。如果品牌不断获得消费者的认可，则会使其不断积累忠诚度，而这种消费者对品牌的忠诚度便是一种无形的资产。

品牌是企业在市场上的声誉和知名度的体现。一个强大的品牌可以吸引更多的消费者，提高销售额，增加市场份额，因此对企业的市场价值具有重要影响。有一个强大品牌的产品或服务更容易获得客户的信任和忠诚。客户对品牌的认可和信任意味着他们更有可能重复购买，并推荐给其他人，这对企业的长期盈利能力至关重要。品牌可以成为企业的竞争优势之一。一个具有良好声誉的品牌可以在竞争激烈的市场中脱颖而出，吸引更多客户，降低市场进入的难度。保护品牌通常需要注册商标，这将品牌变成了一种知识产权。这意味着企业可以在法律上保护其品牌免受他人滥用或侵权。在企业的财务报表中，品牌通常被列为无形资产，虽然它没有物质形态，但具有明显的价值，这反映了品牌对企业的经济影响。

【案例：2+4+6实践育人特色品牌】

国际教育学院推出的协同育人背景下构建"2+4+6"实践育人体系。实践育人是新形势下高校教育教学工作的重要载体，是推动形成全员全过程全方位育人的有效途径。对于增强学生服务国家、服务人民的社会责任感、勇于探索的创新精神、善于解决问题的实践能力，具有不可替代的积极作用。

此体系以学生专业为基础，结合大学生社会实践，加强顶层设计、学院牵头规划、专业课教师负责实践内容、辅导员参与思想政治引领等方面，构建"专""实"相结合、管教融合协同育人的实践育人体系研究。要高质量、高成效实现实践育人的目标，学院必须从思想上高度重视，周密部署、合理安排，确定总的思路。重视学风建设，完善相关制度，提升教师的治学、教学和管理水平，充分调动学生的学习积极性，激发学生刻苦求知的热情，引导学生勤于学习，勇于实践，促进学生全面发展。实践育人模式的探索是融教学、改革与思想政治教育等为一体的综合性工程，以"校企合作""志愿服务"完善实践育人体系。当前学生走向社会就业存在的突出问题是实践能力的不足，要夯实专业理论知识的学习，进一步提升学生实践能力的突破口和重要抓手是以专业为依托推进实践育人。

辅导员的思想政治教育工作贯穿于专业实践的始终，主要从日常的教育管理和问题的分析解决两个层面，从思想教育、宣传动员、分组安排、日常管理、实习总结等六个方面开展。导师制及专业课教师全员参与，专业指导，实践引领。根据不同阶段的学生特点和培养重点，学院确定了"低年级以团队社会实践为主，感知社会，奉献爱心；高年级与职业生规划相结合，突出专业，促进发展"的模式，通过比赛将专业知识应用于实践。宽城区一心社区合作共建大学生暑期社会实践项目——"语伴+"助学服务社会实践团，为学生提升专业师范技能、个人实践能力搭建了有效平台。在浓厚的育人氛围带动下，学院学生相继主动开展与自身特长相适应的社会实践和志愿服务活动。在省内为学生联系各类与专业相关的实习实践基地，例如，天童教育素质成长中心、大桥外语、瑞思少儿中心、长春市赢未来教育培训学校有限公司、长春市康明翻译有限公司等省内企业；在省外与广东普宁职业技术学校合作，为同学搭建专业教学平台。

以上四种对品牌内涵的解释所侧重的角度不同，对品牌内涵的理解深度也不尽相同，它们各有侧重地从不同角度、基于品牌发展的特定历史时期和社会背景条件，对品牌的内涵进行了阐述。从整体上看，这四种阐述呈现出不断深化、丰富的趋势。综合以上四种阐述来看待"品牌"这一概念，能够帮助我们更好地理解品牌的内涵。即品牌的内涵可以从四个角度来理解，一是品牌是一种能够区别其他产品或服务的具有专业特质的符号或象征；二是品牌需要对其所代表的产品或服务的品质负责，品牌能够体现其所代表的产品或服务的价值，并具有一定的品质保证和声誉表现；三是品牌是多种关系的集合，品牌建设和管理要正确处理品牌与其相关各方的关系；四是品牌是一种无形资产，品牌及其所蕴含的文化、个性表现、知名度、忠诚度等元素，是品牌重要的核心价值。

在现代社会，品牌的作用日益突出，一方面，品牌对于消费者筛选产品或服务的影响越来越重要，甚至很多消费者趋向于通过品牌来彰显自己的品位和价值取向；另一方面，提供产品和服务的企业或机构，也越来越注重通过打造品牌形象展示自身的价值和精神内涵，期望通过在消费者心目中形成特定的形象，加固消费者对产品或服务的忠诚度，以实现品牌的长久发展。品牌的形象表现取决于品牌所代表的产品或服务的品质，以及品牌塑造主体有关，品牌塑造主体对于品牌建设具有重要作用，由于品牌所蕴含的文化因素也能在一定程度上反映品牌塑造主体的文化底蕴，有影响力的品牌能够加深公众对品牌塑造主体的认识，从而提升品牌塑造主体在公众心中的地位，并对机构其他品牌产生一定的正向影响。正因如此，除了市场经济领域的企业、机构等主体，越来越多的非营利性主体也越来越注意到品牌的影响力，并期望通过品牌建设来塑造自身在公众心中的形象，并通过品牌强大的社会影响力来促进自身工作目标的实现。

（三）学生工作品牌定义

学生工作品牌是指一个高校或教育机构的学生工作部门或团队在学生服务和支持方面所塑造的独特形象和声誉。它涉及如何向学生、教职员工、家长以及外部社会传达高校学生工作的价值、使命和贡献。学生工作品牌是一个部门或团队的视觉、文化、声音和价值观的集合，旨在建立信任、吸引学生并提供有针对性的支持，同时也能够体现高校的社会主义核心价值观和承诺。学生工作品牌的关键方面和概念包括：形象和认知、价值观和承诺、声音和沟通、学生体验、社会影响、持续改进等。

一是形象和认知：学生工作品牌包括部门或团队的标识、口号、宣传材料及线上线下的存在，这些元素有助于在学生中建立品牌的知名度和认知。二是价值观和承诺：学生工作品牌应明确传达其社会主义核心价值观和承诺，如关注学生的全面发展、学术支持、生活服务、社会责任等。三是声音和沟通：品牌的声音涉及如何与学生互动、如何回应他们的需求，以及如何在各种沟通渠道上传达信息。四是学生体验：品牌的塑造与学生体验密切相关，包括学生与学生工作团队的互动、获得支持的过程、服务质量等。五是社会影响：学生工作品牌还可以关注部门对社会的影响，如社区参与、志愿活动、学生参与社会实践等。六是持续改进：学生工作品牌管理包括对学生工作品牌的不断改进和提升，以满足不断变化的学生需求和高校的战略目标。通过建立积极、有吸引力的学生工作品牌，高校能够更好地吸引和培养学生，提供更全面的学生支持，同时增强高校的声誉和社会影响力。这有助于创造一个更具竞争力和有活力的学生生活及学习环境。

二、高校品牌

基于以上对品牌这一概念相关研究的梳理及在理论和实践方面的经验，我们在此对高校品牌做出如下定义，即高校品牌是高校在长期的教育实践过程中逐渐形成的，体现在高校的物质载体、各种活动以及成员行为等方面，一种以高校的价值观为核心，以高校的独特文化、传统为代表的个性化标志和社会影响力。高校在学生工作领域中形成独特形象和特色，以提升学生工作质量和影响力，彰显学校的办学特色和教育理念。一个有影响力的学生工作品牌可以帮助学校吸引优秀学生，提升学校口碑和知名度，同时也有助于培养有能力、有个性、有责任感的优秀毕业生。对于高校自身来说，其品牌属于一种无形资产，具有特定的价值度和识别度。学校的核心竞争力来自学校品质，学校可持续发展的过程也是追求学校品质的过程。面向未来，追求办学高品质、走内涵发展道路是学校教育发展的必然方向。

高品质学校创建既要充分照顾到学校发展的阶段性、特殊性、个别性，更要把握学校发展过程中那些共通性、一般性和普适性的存在，并突出三个重点关切：把秉持"面向全体"的学校品德建设放在首位，把彰显"价值意义"的学校内涵建设置于中心，把突出"真爱尊重"作为教育初心贯穿全程。

2018年初印发的《关于全面深化新时代教师队伍建设改革的意见》（以下简称《意见》）中正式提出"打造高品质学校"，首次将其纳入最高国策。《意见》指出，"我国社会主要矛盾已转化为人民日益增长的美好生活需要和不平衡不充分的发展之间的矛盾，人民对公平有质量的教育的向往更为迫切。"为此，亟待加强中小学校长队伍建设，努力造就一支政治过硬、品德高尚、业务精湛、治校有方的校长队伍。面向全体中小学校长，加大培训力度，提升校长办学治校能力，打造高品质学校。

此外，中共中央、国务院于2019年印发的《长江三角洲区域一体化发展规划纲要》中，将构建共享的高品质教育视为提升社会基本公共服务品质，促进区域教育均衡发展，率先实现区域教育现代化的重要内容和路径。

高品质学校是高品位和高质量的学校，是指坚持党的教育方针，遵循教育规律，营造最适合师生教育情境和发展需要，实现学生全面而有个性发展的学校。

一方面，学校要有品位。既顶天，不折不扣落实国家系列重大教育改革措施；又立地，立足自身实际培养人才。既遵循教育规律，又遵循人的成长规律，全面推进素质教育。

另一方面，学校要有质量。育人过程突出文化浸润，落实立德树人，推进五育并举；育人要有效果，要实现师生全面发展，要以更加平衡、更加充分的发展满足人民美好生活需要。

高品质学校的内涵特征是高品质、高品位、高质量，是针对"片面的高质量"提出的学校发展的一种全面价值观。学校品质是质量、内涵、文化、特色信誉度集合体。高品质包含高品位和高质量两个方面，这二者不是简单的叠加，而是相互促进、相互融合的变量关系。

（一）高品质学校建设的四个基本主张

1. 全人

树立全面的人才观，培养"全人"的模样。"全人"把师生看作完整的人，使"教育回归本质，提高人的生命质量和价值"。学校要坚持全人理念，必须在传递知识技能的同时，注意涵养人格、启迪智慧、关怀生命，为师生的自我实现、终身学习和未来发展创造空间。

2. 全纳

树立全面的教育观，办好每一所学校，教好每一位学生，培养全纳的群体模样。高品质学校建设不是标高示范，不是给名校和优生贴金。新时代的教育事业是指向均衡和充分的民生事业，任何学校都应有建成高品质学校的机会，任何学生都应有得到高品质教育的机会。

3. 共生

树立全面的质量观，学校各办学要素融合共生，学校形成可持续发展的动力机制。学校在高品质建设中，要把握好教育改革与学校建设的关系，把握好宏观要求与自身条件的关系，把握好传承经验与创新路径的关系，把握好对标先进和自主开拓的关系，把握好品位追求与质量效率的关系等。

4. 共赢

树立全面的发展观，高品质学校改革带动学校其他改革品质发展，推动家庭、社区、社会的品质发展。通过办学行为的优化实现学生、教师、学校、家庭、社区乃至社会的共同发展，最大化实现学校的社会功能，实现以学校为中心的区域学习共同体。学校在高品质建设中，要拓宽视野，解放思想，开放办学，吸纳各方优势，并以办学成果反哺各界的支持。

全人、全纳、共生、共赢四大主张是从不同角度对高品质学校理念的阐释，四大主张之间形成互相影响、互相促进的结构。结构是改革的关键点，高品质学校建设是全面的结构性改革，不仅要有顶层设计办学的"小结构"，既有道，又有术，整体推动学校改革与转型，还要放在社会发展的"大结构"中办学。

高品质学校建设的核心要素包括理念、课程、管理、教学、评价、教研六个核心要素，这是建设高品质学校的关键。这些要素可以分为品位要素和质量要素两个方面，其中，品位要素涵盖"理念与课程"，回答"应该是什么样"的问题；质量要素涵盖"管理和教学"，回答"应该怎样做到"的问题。同时，从品位走向质量，再由质量反哺品位，这个上升的过程中还有另外两个重要的要素——评价和教研。六大要素中，理念和课程共同构成了学校的品位水平，管理质量和教学质量共同构成了学校的质量水平，评价体系是品位和质量之间的转化机制，教研能力是品位和质量之间的转化动力。

根据人们对"品牌"的认知，我们可以认为，学生工作品牌是人们对高校学生工作在资源、师资、学术、文化、服务、人才培养质量和对社会的贡献率等方面所给予的认可、信任、接受与推崇。其核心价值主要体现在师资力量、教育理念、文化内涵、运作模式、服务水平和人才培养质量上。它融合了人们对高校学生工作体系与水平的感知、经验与总体评价，也包含了高校学生工作的历史文化、声誉和地位等，是高校学生工作综合实力、影响力及先进品质的代表与象征。

（二）高校品牌建设从四个角度进行解读

高校品牌的四个角度如图1-1所示。

图 1-1 中四个角度的文字说明：

- 是一种能够区别于其他高校的具有专业物质的符号或象征
- 是多种关系的集合，主要是指高校与各种主体之间的交互关系，如高校与高校之间、高校与学生和家长之间、高校与社会公众等主体之间的交互关系，高校品牌的树立离不开这些交互关系的作用
- 是在一定程度上体现着高校的教育教学质量和文化内涵
- 是一种无形资产，良好的品牌形象可以为高校带来生源、师资、政策支持、社会关注度等方面的"效益"，在一定程度上可以说，这是高校品牌重要的核心价值

图 1-1 高校品牌的四个角度

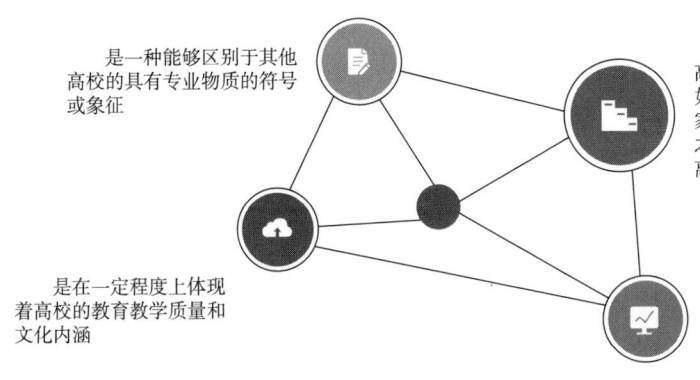

1. 高校品牌具有专业特质符号或象征

主要体现在高校的名称和标志两个方面。名称方面，如清华大学、厦门大学、武汉大学，即高校的语言称谓；标志方面，如高校的校徽、校旗、校服，以及高校独特的建筑、环境设计等，可以直接通过视觉识别的部分。高校品牌建设有利于学校发展，有利于学校的招生，提升学生就业的竞争力，有利于提高学校的声誉，得到更多社会的支持和发展，有利于增加学校内部发展的凝聚力。

2. 高校品牌体现高校的教育教学质量和文化内涵

高校品牌的形成和维护通常需要高校在教育教学方面取得卓越的成绩和独特的办学特色。高校品牌的塑造需要高校拥有优秀的教学质量。一流的高校通过提供高质量的教育教学，培养出优秀的学生和具有影响力的校友，从而形成良好的口碑和品牌认可度。品牌建设需要高校具备独特的文化内涵。文化内涵包括学校的社会主义核心价值观、办学理念、学术传统以及校园氛围等方面的特点。这些因素形成了高校的个性和特色，使其能够在众多高校中脱颖而出，吸引学生和教师的关注和选择。高校品牌的塑造还涉及高校的声誉和影响力。一所高校在教育教学方面取得了杰出的成就和贡献，其声誉和影响力会逐渐扩大，进而形成独特的品牌形象。这一品牌形象不仅会吸引更多的学生和优秀的教师，还会带来更多的合作机会和资源支持，从而进一步提升高校的发展水平。

高校品牌在一定程度上体现了高校的教育教学质量和文化内涵。高校通过提供优质的教育教学，塑造独特的办学特色和文化氛围，形成了具有竞争力和影响力的品牌形象，为高校的发展和吸引力做出重要贡献。具体来说，包括高校学生的成绩水平、身心状况、高校的校风校纪，以及高校的教学观、人才观、管理观等。在哈佛大学，"着眼未来"这一品牌思想反映了哈佛这所学府独特的远见与未来进取精神。而其校训所推崇的"真理"，也是哈佛品牌的标志。哈佛大学为全球最著名的高校之一，深受世界各国学生的喜爱。其优势在于其强大和专业的教育队伍、创新的教学方式和丰富的课程。

3. 高校品牌是多种关系的集合

主要是指高校与各种主体之间的交互关系，如高校与高校之间、高校与学生和家长之间、高校与社会公众等主体之间的交互关系，高校品牌的树立离不开这些交互关系的作用。高校品牌不仅是学校内部的一个形象和定位，还是学校与各种主体之间交互关系的综合体现。这些主体包括其他高校、学生和家长、社会公众等。高校与其他高校之间的交互关系可以是竞争、合作、交流等；高校与学生和家长之间的交互关系涉及招生、教育服务、学生就业等；高校与社会公众之间的交互关系涉及社会责任、社会形象塑造等。这些互动关系共同构成了高校品牌的形象和价值。高校品牌包括高校的核心成果，是高校一切外在的形象聚合，是学校要向社会表达的一个东西，学校的品牌是把学校一切外在形象的集合表达出来，得到社会的认同和尊重。

4. 高校品牌是一种无形资产

良好的品牌形象可以为高校带来生源、师资、政策支持、社会关注度等方面的"效益"，在一定程度上可以说，这是高校品牌重要的核心价值。

（三）高校品牌的核心价值

1. 需要明晰的自身定位

任何高校品牌都应发掘并科学定位自己的核心价值，之后需围绕这一主题，将该核心价值传达给目标消费者及公众，以在他们的心目中建立清晰且可感知的核心价值形象。应在各个环节中不断强化和巩固核心价值，准确找到自身的市场定位、建立高校核心竞争力，是一所学校生存和发展的基础，是从普通学校升级为重点名校的三部曲之一。定位学校，需遵循"四客观"的要求，充分考虑社会的客观要求、学校的客观基础、办学的客观条件和教育的客观规律。但是，许多学校缺乏品牌意识和目标定位，诉求主题每年都在变化。学校形象变得飘忽不定，难以建立稳定巩固的品牌形象。要张扬学校的个性、熔炼品牌的精髓、打造高品质学校品牌，应在"创新"上寻求发展，在"特色"上做文章。依法治校、改革活校、科研兴校、特色立校，共同推动学校不断向前发展。

2. 需要稳定的培养模式

培养模式是在既定的教育理念指导下，对人才培养目标、方法、机制、措施及人才培养过程中各种关系的规范。先进的人才培养模式是先进的教育理念的客观化，是先进的教育思想在教育实践中的反映和表现，其"相对稳定"反映了学校对教育规律的掌握程度。相对稳定的"培养模式"是学校核心竞争力的重要组成因素。高校品牌之所以被广泛认可，是因为其遵循严格的过程约束和规范限定。品牌实质上是一种承诺，学校建立品牌的过程就是不断实践其承诺的过程。质量是品牌的基石，学生的素质就是学校的"品牌"。稳定的培训模式和扎实的课程体系是保障高校学校兑现质量承诺的过程，它决定了人才培养的规格与质量。

3. 需要良好的校园文化

校园文化是由学校师生员工共同创造的，一旦创造出来，它便成为一种能动的教育力量，对创造这所学校的师生员工产生影响。文化是一种精神期待，而校园文化则是一种持久的教育力量。学校领导应不断强调学校的"工作目标"与教育的"终极价值"一致，形成共识。这种共识使所有师生在了解教育使命和教育核心价值的前提下，自觉自愿地参与到学校的各项活动，并积极地影响家长和周围的人。进一步强化学校与家长基于教育共识而产生的品牌忠诚关系。优秀的学校文化等同于卓越的品牌。此时，学校和品牌已融为一体，传统积淀、文化氛围、办学理念、学风、教风等元素构建了学校品牌的根基。

4. 需要广泛的社区参与

国际著名品牌管理专家保罗·泰柏勒（Paul Temporal）在他最新出版的《卓越品牌管理》一书中提到的重要观点。"品牌管理的核心在于与消费者建立坚实的品牌关系。"学校品牌其存在与否，并非由学校自身决定，而是取决于家长和学生的认知和感受。塑造学校品牌的过程实际上是建立和维护与家长、学生、员工及社会各界之间关系的过程。因此，成功的品牌代表着良好的品牌关系，它不仅赢得了服务对象的信任和忠诚，还得到了员工的全力支持和社会的广泛认可。一般认为，学校的社会参与度越高，其品质也越高。教育在积极为社会服务的同时，也能够吸引社会各界的广泛参与和支持。品牌的建立并非需要大规模的举措或豪言壮语的承诺，它需要的是在每一个细微之处真心实意地为学生着想。当家长和社区将学校视为可信赖的朋友时，品牌关系便如同坚固的建筑一样牢不可破。

5. 需要一流的师资队伍

实现学校教育目标的关键在于教师。学校品牌的建立离不开品牌领导和品牌教师的支持。当前，我国师资队伍的整体素质还不能完全适应以培养学生创新精神和实践能力为重点的素质教育需求。建设一支具备优良师德、能够胜任现代教育教学工作、拥有现代教育理念、适应教育改革和发展需要的高素质师资队伍，是关系到一所学校生存与发展的重要因素。学校的师资队伍是品牌形象的重要组成部分。在打造品牌学校的过程中，除了具备先进的教育设施、浓厚的科研氛围，还应充分发挥教师的主体作用。品牌的建设需要经过长期的努力和积累，不能一蹴而就。一些学校虽然已经有了品牌意识，但品牌策划与管理的水平还有待提高。

高校品牌是一种无形资产，它是通过塑造和传播良好的品牌形象而产生的价值。一个有声誉和有影响力的高校品牌可以带来生源的增加、优秀师资的吸引、政策支持的获得、社会关注度的提升等方面的"效益"。这些效益对于高校的发展和提升具有重要意义，可以帮助高校在招生、教学质量、科研及社会影响力等方面取得优势。通过交互关系的集合和无形资产的积累，高校可以建立和塑造自己的品牌形象，增强竞争力，吸引更多的资源和人才，提升学校的影响力和社会地位。因此，高校品牌的树立不仅是一种形象的塑造，更是一种战略性的举措，需要学校在多个方面进行综合考量和努力。

【案例："三全育人"视域下"一站式"学生组织育人模式特色品牌】

活动简介：基于学院"一院一品"特色品牌项目，围绕"一站式"学生社区实行"党建+特色活动"的组织育人模式，开展"抓实理想信念教育，举信仰之旗"、"抓实思想道德教育，强文明之魂"、"抓实意识形态教育，织安全之网"、"抓实劳动实践教育，树实干之风"四个抓实主旨内容，结合"三全育人"开展全员、全过程、全方位育人要求，积极拓展学生党建和思政教育工作的辐射范围，把党建引领，组织育人的阵地拓展延伸到学生社区，让党旗在学生社区高高飘扬，把学生社区打造成"三全育人"的新阵地。

一、活动主题

党建引领思想，组织培育新人

二、活动背景

2020年4月，教育部等八部门联合颁布的《关于加快构建高校思想政治工作体系的意见》提出，要推动"一站式"学生社区建设。依托宿舍等学生生活园区，探索学生组织形式、管理模式、服务机制改革，推进党团组织、管理部门、服务单位等进驻园区开展工作，把校院领导力量、管理力量、服务力量、思政力量压到教育管理服务学生一线，将园区打造成为集学生思想教育、师生交流、文化活动、生活服务于一体的教育生活园地。习近平总书记在党的二十大报告中指出，要办好人民满意的教育，"全面贯彻党的教育方针，落实立德树人根本任务，培养德智体美劳全面发展的社会主义建设者和接班人"。实施"一站式"学生社区综合管理模式建设，是深入贯彻习近平总书记关于教育的重要论述，适应新形势、新情况，加强高校党的建设和思想政治工作的重要体制机制创新。

"一站式"学生社区日渐成为学生交流互动最经常最稳定的场所，也是课堂之外的重要教育阵地。不断强化"以学生为中心"的办学治校理念，将育人力量下沉到学生社区，以学生需求为导向，推动领导干部、专家学者、辅导员等走到学生当中，打通育人"最后一公里"，建设"三全育人"实践园地，形成"人在一线、心在一线、思在一线、干在一线"的工作格局，全面助力学生成长成才。

三、活动目标与意义

为深入学习贯彻习近平新时代中国特色社会主义思想和习近平总书记关于教育的重要论述，坚持把牢方向与遵循规律相结合、坚持系统设计与重点突破相结合、坚持以人为本与从严管理相结合，不断深化"新时代党建引领"的思想认识，不断优化"三全育人"的资源、队伍和特色，打造满足学生思政教育、事务办理、学业指导、心理帮扶和生活服务的线上线下服务平台。通过推进"一站式"学生社区综合管理模式建设，用"浸润式教育"将学生党建和思想政治工作做到"家"，打通育人"最后一公里"。通过党建活动的开展不断塑造、鼓舞和激励学生，使学生树立正确的生活观、人生观和价值观，并将立德树人作为育人之源、发展之根和教育之本，着力构建"三全育人"工作体系，将综合改革实践落到实处，不断提升新时代高校复合型人才培养的精准度、方向感和实效性，真正肩负起培养时代新人的神圣使命。

高校学生社区不仅是生活场域，也是教育文化场域，是加强党建引领、落实新时代思想政治工作创新实践的重要平台和抓手。以党建引领带动多维共育，强化思政、专业、通识、课外教育的有效衔接，搭建服务学生成长的多元平台，形成空间、主体、教育的融合，从而实现"五育"融合，培养德智体美劳全面发展的社会主义建设者和接班人。"一站式"学生社区建设以学生的共商共建和参与治理为基础，不仅满足学生所需的教学服务、学生事务、服务保障等与学生息息相关的需求，并且在服务学生和服务社会中增强他们社会责任感和主人翁精神，培养和提高学生"自我管理、自我教育、自我服务"的能力和本领。

四、具体活动方案

大数据时代下加强社会主义意识形态建设，需要我们深度挖掘新时代党建创新亮点，以党的坚强领导推进高校"一站式"学生社区建设，从而加强对当代大学生的思想引领，巩固马克思主义在意识形态领域的根本指导地位。加强党建引领，有利于基层党组织工作有序开展，发挥支部组织育人优势，推动"一站式"学生社区党建工作的开展。

围绕"一站式"学生社区党建工作开展主题教育系列活动，贯彻"德才兼备、家国情怀、视野开阔、爱体育、懂艺术、能力发展性强"的人才培养理念，落实"党建引领思想，青春筑梦成才"活动主题。具体活动安排如下：

(一) 抓实理想信念教育, 举信仰之旗 (全体学生)

1.开展"重温红色经典，弘扬革命精神"主题读书分享会

为了弘扬革命精神，引导学生深入领悟无数无产阶级英雄革命精神，开展"重温红色经典，弘扬革命精神"主题读书分享会。引导学生参与诵读，广泛了解民族文化，弘扬民族精神，增进学生的爱国主义情感，提高学生语言文字应用水平，促进学生的人生价值观，培养学生良好的习惯。

2.开展"读红色经典，为梦想发声"红色故事音频征集活动

通过开展阅读红色经典书籍活动，营造读书氛围，大力宣传红色精神。鼓励学生学习党史相关理论知识，坚定理想信念，加强党性修养，提升精神境界，组织开

展"读红色经典，为梦想发声"红色故事音频征集活动。

（二）抓实思想道德教育，强文明之魂（入党申请人）

1.开展"我来讲党课"支部进宿舍活动

为激活组织育人全覆盖教育，将开展以学生入党申请人为主体，引导全体学生原原本本学、认认真真悟，围绕"学习党的二十大精神"开展专题教育活动。各年级、各班级以寝室为单位，全体学生支部党员深入学生宿舍进行宣讲，从谈认识、谈体会、谈打算等方面制订措施，明确立学立行，立学立改的优良作风，全面提升思想水平。

2.举办"学党史 强信念 跟党走"主题演讲比赛

为了弘扬伟大建党精神，走好新的赶考之路，充分运用红色资源，教育引导广大青年坚定理想信念、筑牢初心使命，不断增强斗争精神、提高斗争本领，做到在复杂形势面前不迷航、在艰巨斗争面前不退缩，引导广大青年学习四史，将以"学党史 强信念 跟党走"为主题开展演讲比赛。

（三）抓实意识形态教育，织安全之网（入党积极分子、发展对象、青马工程学员）

1.开展"守纪律 讲规矩"主题教育活动

严明的纪律是我们党独有的优势，是保持和巩固党同人民群众血肉联系的基本条件，守纪律是增强党性和改进作风的坚强保障。对于每一位领导干部来说，严守"铁的纪律"是最基本要求，我们要把严守纪律贯穿于履行职责的全过程，使其真正内化于心、外化于形，将开展"守纪律 讲规矩"主题教育活动，将规章制度的主旨责任落实到每一位同学心中。

2.举办学习党的二十大理论知识竞赛活动

通过开展学习二十大知识竞赛的活动，加强贯彻党的二十大精神，勉励青年同志要牢记习近平总书记嘱托，坚定理想信念，筑牢精神之基，厚植爱国情怀，矢志不渝跟党走，以实现中华民族伟大复兴为己任。活动旨在培养广大青年怀抱梦想又脚踏实地，敢想敢为又善作善成的精神，全面深入了解党的二十大及相关知识。

（四）抓实劳动实践教育，树实干之风（学生党员）

1."党在我心中，服务见行动"宿舍清扫主题活动

为进一步推进学生思想政治教育工作进公寓，提高党员的责任意识与服务意识，充分发挥学生党员、学生干部在寝室管理方面的模范带头作用，开展"党在我心中，服务见行动"宿舍清扫主题活动，深刻理解实践教育引导作用。

2.开展"根植美丽沃土 助力乡村振兴"专题调研活动

产业兴旺是乡村振兴的重要基础，产业兴则乡村兴，乡村兴则国家兴。为此，需立足当地特点发展特色产业，借助校内外地方资源、环境和政策优势，为了让学生深刻认识农村发展对乡村振兴的重要意义。将开展"根植美丽沃土 助力乡村振

兴"专题调研活动,通过实地走访调研,拓宽视野,践行实践精神。

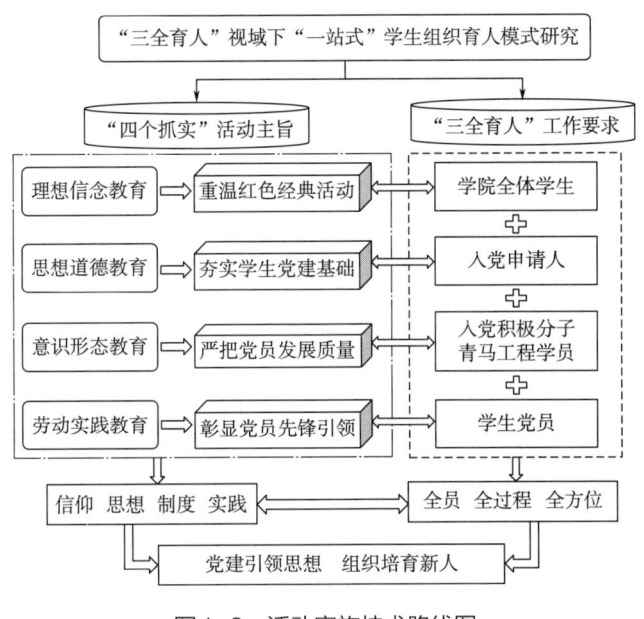

五、活动实施技术路线图

活动实施技术路线图如图1-2所示。

图1-2 活动实施技术路线图

六、特色与创新

(一)研究内容创新

本活动基于学院"一院一品"学工品牌,围绕"一站式"学生社区打造党建特色活动,以学生社区为载体,以主题活动为途径,以思想引领为目标,不断夯实学生思想教育水平,从思想、信仰、制度、实践四个方面,围绕"四个抓实"主旨活动,通过红色主题活动,发挥组织育人新模式。

(二)研究视角创新

把握"四个抓实"活动主旨,突出构建理想信念、思想道德、意识形态、劳动实践四个重要方面,结合"三全育人"具体要求,从学院全体学生、入党申请人、积极分子、青马工程学员、发展对象、学生党员等组织发展对象全过程入手,全方位创新组织育人新模式,通过组织育人活动提升组织育人新路径。

七、保障措施

(一)校园实践的引领沁润作用

将党旗、党徽等党建元素的相机融合,以视觉、理念、行为的一体建设,学院在机械楼打造红色文化长廊、设置党员标兵文化墙,将红色文化融入校园文化建设,学生提供多功能于一体的沉浸式教育环境,构建起多主体、多载体、多阶段、多形式的课程思政教育文化阵地,提升德育工作的感召力。

(二)学校、学院领导高度重视

加强和改进大学生党建工作,是高校立德树人事业的迫切需要,高校党组织必须积极探索和建立质量保障体系,按照"控制总量、优化结构、提高质量、发挥作用"的总要求,着力建设一支信念坚定、素质优良、作用突出的大学生党员队伍,以适应新时期党的建设和社会发展的需要。

(三)学校资金支持

学校设立建设专项经费,保证"党建+特色主题活动"项目建设的长期稳定运行。推动组织育人力量高频度融入学生日常学习生活的第一线,为学生提供更好的成长生态、更优的教育资源、更强的支撑服务。

第二节
高校学生工作品牌建设的特征与价值

一、品牌的特征

通过对品牌内涵的分析和梳理,不难发现品牌的内涵是在不断充实、发展的,品牌对产品或服务的影响力也在不断提高。相应地,品牌的特征也随着其内涵的不断丰富而不断增加。就目前而言,品牌的特征可以概括为以下几个方面(图1-3)。

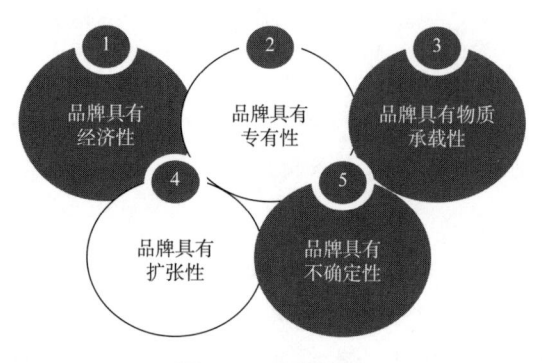

图1-3 品牌特征

(1) 品牌具有经济性
(2) 品牌具有专有性
(3) 品牌具有物质承载性
(4) 品牌具有扩张性
(5) 品牌具有不确定性

(一)品牌具有经济性

品牌除作为区别产品或服务的标识,还承担着一定的品质和声誉。企业通过销售产品或服务所获得的收益中,不仅包括产品或服务本身的价值,还包括企业的产品或服务品牌所带来的溢价。品牌之所以具备强大的无形资产,是源于其内在的品牌价值。品牌价值是品牌的经济价值。这通常包括品牌的市场地位、认知度、忠诚度和竞争力等因素。品牌价值可以是企业市值的一部分，可以增加企业的吸引力，吸引投资者和合作伙伴。品牌可以被视为一种资产，因为它代表了企业或组织的声誉和市场地位。品牌资产对于企业的长期成功和可持续竞争优势至关重要。品牌权益代表了品牌对于企业的价值，包括品牌在市场中的影响力、忠诚度和市场份额。品牌权益可以被用来吸引投资、融资和合作伙伴，因为它反映了品牌对未来收益的影响。维护和管理品牌需要投入一定的成本，包括市场营销、品牌推广、质量控制和品牌保护等方面的支出。这些成本是保持品牌资产价值的必要投资。因为它可以为企业或组织带来经济价值、市场竞争优势和收入。维护和管理品牌是一项重要的战略任务，以确保品牌资产得以最大化地发挥作用。

（二）品牌具有专有性

品牌最初的内涵是区分产品或服务的标识。如今，品牌依然发挥着这种最基本的作用。品牌的专有性保证其在市场中占据相应的市场份额，其他未经品牌所有者许可的主体，都不得擅自使用其品牌。品牌的专有性保证消费者根据心目中对品牌的倾向选择相应的产品或服务，从而保证其所选择的产品或服务品质达到预期效果。通过注册商标，企业可以获得对其品牌的独有权利。商标保护确保其他企业或组织不能在同一领域内使用相似或混淆的标识来创建类似的品牌。这种专有权保护可以确保品牌在市场上独一无二。品牌的标识和资产（如商标、标志、口号、品牌声音等）可以被视为专有。这些标识和资产与特定的品牌相关联，只有该品牌所有者有权使用和受益于它们，其他企业或组织不能随意使用这些专属标识和资产。独特和独有的品牌可以在市场上建立自己的声誉和价值。通过提供独特的品牌体验、高品质产品或服务，品牌可以在消费者心目中建立起专属的地位，这种专有性可以为品牌带来竞争优势和可持续发展。品牌的专有性可以通过法律手段进行保护。

（三）品牌具有物质承载性

自诞生之初，品牌作为一种标识即自然地具有一定的物质承载性。如今，品牌的内容和物质承载性更加丰富，品牌的文字名称、图形标志、颜色等都需要一定的物质载体来呈现，从而实现品牌的传播，使消费者形成对品牌的形象化认识，并能对品牌所代表的品质、个性、文化内涵等形成联想，在视觉上区分此品牌与彼品牌，选择其所偏好的品牌。品牌载体是指能承载品牌精神，内蕴品牌内涵，反映品牌个性，密切品牌与消费者联系的品牌要素体。品牌载体是品牌要素系统中的一部分，例如，"人"，包括代言人、创始人、公司领导、优秀员工等；"物"，包括产品、特色服务等；"事"，包括品牌故事、品牌事件等。

（四）品牌具有扩张性

通过创建品牌和品牌建设活动，使品牌在消费者心中形成一定的印象；消费者的口碑效应和品牌自身的建设、营销等措施，共同促进品牌影响力的扩大，使品牌的认可度不断加强并获得更多消费者的青睐，为企业带来更多的收益。成功的品牌可以通过引入新产品或服务来扩张。这些新产品可以与现有的品牌相关，利用品牌的声誉和忠诚度，以便更容易进入市场。例如，一家知名的汽车制造商可以扩展其产品线，推出新型号或电动车型。品牌可以选择进入新的地理市场或扩大现有市场的占有份额。这可以通过国际化、地区扩张或市场细分来实现。品牌的知名度和声誉可以为进入新市场提供一定的竞争优势。一些品牌可以扩大其业务范围，进入与其核心业务相关的新领域。例如，一家咖啡连锁店可以开始销售食品或商品，以增加收入来源。

（五）品牌具有不确定性

品牌在某种程度上具有不确定性。尽管品牌是企业或组织的核心资产之一，但在不同的市场和竞争环境中，品牌面临许多不确定性和风险。市场需求和偏好经常发生变化，这可能对品牌产生不确定性影响。消费者的喜好、趋势、文化背景和购买行为都可能发生变化，品牌需要不断适应这些变化以保持与消费者的连接和相关性。市场竞争激烈，竞争对手的策略和行动可能对品牌产生不确定性的影响。

二、学生工作品牌的特征

学生工作是高校工作的重要组成部分，高质量的学生工作对于促进高校实现高质量的人才培养目标具有重要意义。高校学生工作的目标是帮助学生在大学中实现全面的成长和发展，使他们不仅在学术领域取得成功，还能培养综合素养、领导能力和社会责任感。这有助于培养未来的社会主力和有价值观的公民。例如，生物与食品工程学院据"一院一品"特色下开展的酒标设计大赛、茶艺茶点活动、粉笔字书写比赛、演讲比赛、唱红歌比赛等，以赛代练，以奖促学，对学生进行管理、教育，以实现对学生言行等方面的规范、指导和服务，从而丰富学生的校园生活，提高学生的素质和能力，促进学生的全面发展。

从内容上来看，高校学生工作主要涵盖两大领域：一是高校学生的思想政治教育方面的工作，二是高校学生的行为养成规范、成长成才等方面的工作（图1-4）。这项工作不仅包含大量的学术性事务，还包括实践教学和指导，以及理论传授。它并非纯粹的教学辅助工作，也并非全面的行政管理和服务工作，而是一种"育人工作"。这些工作规划、组织、协调并管理学生在学校内外的学习和活动。从历史演进来看，高校学生工作的内容已经经历了相当大的调整与变动，所承担的任务也大量增加，高校学生工作涉及的内容和方面十分广泛,包括学生的学习、生活、思想政治教育、日常行为规范、社团活动、心理咨询、就业指导等众多方面。它的宗旨在于根据教育目标,对学生进行有目标、有计划、有组织的教育管理和服务,以促进学生素质和能力的全面发展,为社会培养更多优秀的人才。办学方针决定了高校学生工作的内容、功能与职责。它在增强学生政治素养、提高学生综合素质、培养合格人才以及维护校园稳定等方面具有不可或缺的作用。这决定了高校学生工作的根本价值和学生工作队伍的应有地位。

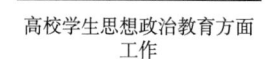

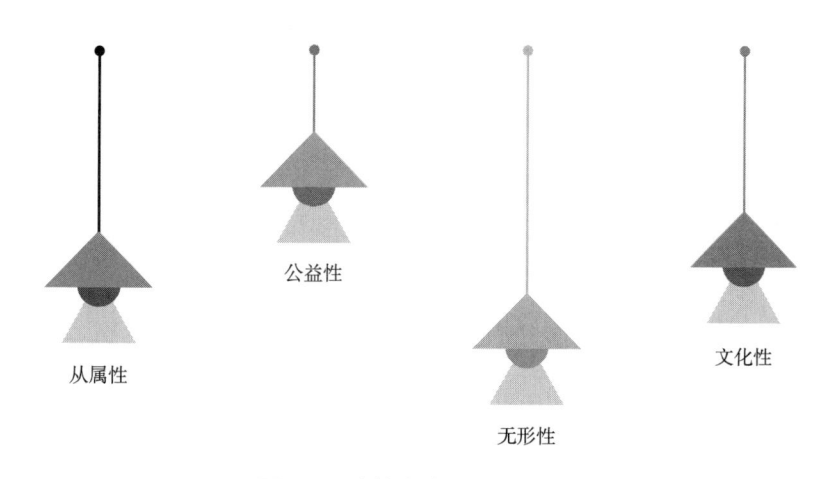

图1-4 高校学生工作分类

高校学生工作品牌与经济领域中产品或服务的品牌具有一定的相似性,因而产品或服务品牌的一些特点在学生工作品牌上也有一定的体现,如物质承载性、资产性等。学生工作品牌是指学生在学术和职业领域中塑造的个人品牌,旨在突显其独特的特质、技能、价值观和成就。同时是高校在学生工作领域逐渐培育起来的具有较高社会认可度的特色学生活动项目或高水平工作模式。但高校与企业之间毕竟有着本质上的区别,如企业以盈利为目的,而高校则是非营利性主体,所以,高校学生工作品牌还拥有一些自身的显著特征(图1-5)。主要表现在以下几个方面。

图1-5 高校学生工作品牌特征

（一）从属性

高校学生工作是高校教育活动中的重要组成部分。从品牌的角度看,高校品牌可以根据内容的不同而划分为若干个不同的子品牌，比如，学生品牌、专业或学科品牌、学生工作品牌等。其中，学生品牌，是基于高校学生较高的综合素质受到社会的认可而形成的品牌；专业或学科品牌，是高校在某些专业的教学、科研水平，以及学生专业素质等方面具有较高的水准，并获得社会的认可，而形成的专业或学科品牌；学生工作品牌，则是高校在学生思想政治教育、学生日常行为规范、学生就业服务等方面具有突出的成绩或表现，并获得社会的认可，而形成的学生工作品牌。从这个意义上说，高校学生工作品牌是从属于高校品牌。

（二）公益性

品牌是在商品生产和交换过程中形成的一个概念，具有浓厚的经济色彩，至今对品牌最丰富、最深入的研究和实践，也是在经济领域，所以，品牌首先是经济领域的一个概念。经济领域的品牌理论研究的是企业如何利用各种手段和策略，提高品牌在消费者心中的印象和好感度，从而促进企业在市场竞争中具有更多优势，获得更多利益。可以说，经济领域品牌研究和实践的目的，是帮助企业获得更多的利润。而高校是公益的、非营利性的机构，它所面向的主体，除了以家长、学生为代表的"消费者"，还有政府机构和整个社会，所以，高校虽然不像企业那样背负着利润指标的压力，但却肩负着实现教育目标、落实教育政策、承担社会责任的使命。因此，作为高校品牌系统中的高校学生工作品牌，自然也具有相应的公益性。

（三）无形性

品牌虽然属于无形资产，但可以通过有形的物质载体体现出来。一方面，品牌具有物质承载性，其文字名称、图形标志等，依赖于物质载体来体现；另一方面，有形的物质产品是承载品牌的重要主体，物质产品的质量、知名度、市场占有率等，这些都是企业品牌的核心。而高校教育是一种服务性质的产品，其内容体现在对知识的传承、对未知的探索、对学生素质与能力的培养等方面，这些都不是具有实体形态的实物，无法具象化和量化。高校学生工作品牌同样以对学生进行思想政治教育、规范学生行为、组织学生社团活动、提供就业服务等无实际形态的服务为主要载体，这些载体的水平和实现程度越高，高校学生工作品牌所获得的社会认可度就越高，高校学生工作的品牌效应就越强，品牌价值度就越高。可以说，体现高校办学理念、价值导向等内在元素的这些无形的学生服务内容，是高校学生工作品牌的内核。

（四）文化性

文化性是高校品牌的自然属性。高校是传承文化、创新文化的重要主体，作为高校学生工作重要内容的学生思想政治教育工作，更是落实以文化人、以文育人重任的重要途径。另外，高校在其自身的发展历程中形成了以自然景观、校园建筑等为主要内容的物质文化，以及以教育理念、校风校训等为主要内容的精神文化。高校以学生全面发展为目标，通过学生工作服务形式，在学生、教师、社会等不同方面营造出不同的特色服务品牌。就像某大学学生处，此品牌定位为服务学生、服务教师、服务家长和服务社会的学生工作综合部门，致力于为学生提供综合性服务。学校通过建立"学生工作品牌博览园"，组织开展"品牌教育月"活动，强化学生工作品牌宣传效果。某大学以"大学校园心理健康教育中心"学生工作品牌为出发点，致力于为学生提供心理健康服务。学校通过增设咨询室，创办心理健康讲座、举办"心理健康节"等活动，提升了其学生工作品牌知名度和认可度。

三、学生工作品牌的价值

高校学生工作品牌是高校品牌体系中的一个分支，是高校品牌不可或缺的重要组成部分，是高校在学生思想政治教育、行为规范、社团活动、就业服务等方面的实践中逐渐形成的一种服务标识，它具有一定的文化性、价值性、竞争力、可识别性等特点，属于高校的无形资产。

高校学生工作品牌反映了高校在学生思想政治教育、行为规范、社团活动等方面的教育理念和社会主义核心价值观。它不仅代表了高校的文化传统，还强调了高校对学生全面发展和德育培养的承诺。品牌的建设需要高校在学生工作方面取得卓越成绩，提供有效的学生支持和服务。这有助于高校在竞争激烈的高等教育市场中脱颖而出，吸引更多的优秀学生和家长选择。一个成功的高校学生工作品牌应该具有鲜明的特点和标识，能够让人容易辨认和识别。这有助于学生和其他利益相关者更容易地与高校的学生工作产生联系，并理解高校在这方面的优势和特色。高校学生工作品牌是高校的一种无形资产，它可以为高校带来多方面的好处，包括吸引学生、提高就业率、增强社会声誉等。这些好处可以在长期内为高校的发展和可持续性提供支持。高校学生工作品牌是高校品牌体系中的一个重要组成部分，它代表了高校在学生思想政治教育、行为规范、社团活动、就业服务等方面的特点和承诺。通过建设和维护这一品牌，高校可以更好地满足学生需求，提高教育质量，增强自身竞争力，同时也为学生的全面成长和发展提供了有力支持。高校学生工作品牌（图1-6）。

学生工作是高校工作中不可或缺的一部分，其根本任务包括培育人才、促进发展、提供服务等重要方面。高校学生工作者主要负责的领域包括招生宣传服务、日常教育管理、校园安全稳定、优良学风建设、先进文化创建、身心素质强化、就业创业指导等，通过采取有效的措施、策略和提供各种服务，帮助、鼓励和促进学生的学习和发展，使他们成为具备优秀能力、良好素养和健康身心的新时代建设者和合格公民。由于学生工作承担着培养人才核心素质的重要任务，因此也体现着学校的核心竞争力，为学校的声

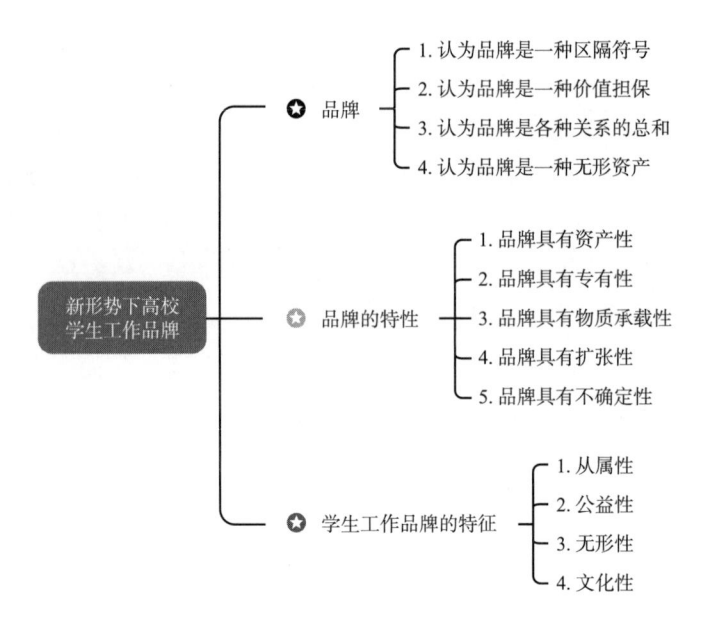

```
                                         ┌─ 1. 认为品牌是一种区隔符号
                                  ★ 品牌 ─┤  2. 认为品牌是一种价值担保
                                         │  3. 认为品牌是各种关系的总和
                                         └─ 4. 认为品牌是一种无形资产

                                            ┌─ 1. 品牌具有资产性
    ┌─────────────────┐                     │  2. 品牌具有专有性
    │ 新形势下高校      │──────── ★ 品牌的特性 ─┤  3. 品牌具有物质承载性
    │ 学生工作品牌      │                     │  4. 品牌具有扩张性
    └─────────────────┘                     └─ 5. 品牌具有不确定性

                                              ┌─ 1. 从属性
                                  ★ 学生工作品牌的特征 ─┤  2. 公益性
                                              │  3. 无形性
                                              └─ 4. 文化性
```

图1-6　新形势下高校学生工作品牌

誉、名望和地位的提升做出了贡献。在这种情况下，树立强烈的品牌意识并扎实开展学生工作品牌建设，可以为当前高校事业的发展注入新的活力和动力，从而实现理想的增值效应。

如前所述，高校学生工作品牌是高校品牌体系中的一个方面，所以，高校品牌与高校学生工作品牌在特点、价值等方面具有一致性。《国家中长期教育改革和发展规划纲要（2010—2020年）》中明确指出："树立以提高质量为核心的教育发展观，注重教育内涵发展，鼓励学校办出特色、办出水平，出名师，育英才。"首先，高校品牌独特性的特点必然要求学生工作品牌建设要追求高水平、高质量。其次，高校之间在教学、科研、学科、人才等领域的竞争越来越激烈，也使高校只有将学生工作品牌建设提升到更高的层次，才能在各种竞争中立于不败之地。最后，学生工作品牌建设是提高高校办学声誉、扩大高校办学影响、提升高校办学层次的重要手段（图1-7）。

高校在发展的过程中要不断总结办学经验，扩大办学优势，淘汰办学劣势。作为高校的特色项目，必然会得到创新和发展，最终形成本校的品牌。学生工作品牌彰显着高校的办学特色，而学生工作品牌建设的好坏则直接体现着高校学生工作的层次和水平。近几年来，各种学生工作品牌项目如雨后春笋一般不断发展，使其成为促进高校学生工作提质升级的最佳选择。高校的任务是培养国家需要的高质量创新型人才，学生工作品牌建设有利于促进高校学生工作水平的整体提升，有利于增强学生的专业自信，有利于为学生提供锻炼和展示自我的平台，促进学生的全面发展。新时期学生工作面临新的任务和要求，高校要推进学生工作向特色和内涵发展，就必须加强载体建设。学生工作载体可以明确工作目标，把握工作方向，提升工作层次，增强工作效果。同时，学生工作品牌本身的示范性、优质性特征，也决定了其作为学生工作的载体功能。因此，学生工作品牌作为载体的一种形式，不仅可以提升学校的知名度和办学层次，更能够发挥相应的育人功能。

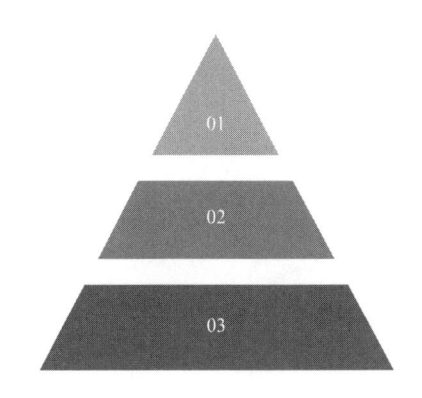

01 高校品牌独特性的特点必然要求学生工作品牌建设要追求高水平、高质量

02 高校之间在教学、科研、学科、人才等领域的竞争越来越激烈，也使得高校只有将学生工作品牌建设提升到更高的层次，才能在各种竞争中立于不败之地

03 学生工作品牌建设是提高高校办学声誉、扩大高校办学影响、提升高校办学层次的重要手段

图1-7　高校品牌独特性特点

学生工作品牌是高校品牌体系中的一个方面，旨在突出学生在学术和职业领域中的个人特点和能力。在建立个人品牌时，学生可以借助高校的品牌影响力和声誉，从而增强自己在职业市场中的竞争力和吸引力。同时，学生的个人品牌也对高校品牌形象起到了一定的补充和支持作用。高校品牌和高校学生工作品牌都要建立统一的身份形象。高校通常有自己的标识和形象，这也会延伸到学生工作品牌中。学生在代表学校的同时，也代表着学校的品牌形象。高校品牌和高校学生工作品牌都要强调专业能力。高校培养学生的学术知识和职业技能，而学生工作品牌需要展示学生在专业领域中的优势和能力。高校品牌和高校学生工作品牌都与高校的价值观和文化相关。学生工作品牌应如同高校品牌一样，鼓励和传达高校的社会主义核心价值观和文化背景。高校品牌和高校学生工作品牌都与声誉和信誉密切相关。高校的声誉和信誉对学生的个人品牌也有影响。学生作为高校的一部分，他们的行为和成就会反映在个人品牌中。高校品牌和高校学生工作品牌在社会中都具有一定的影响力。高校的品牌知名度和声誉会影响学生的职业发展和机会，而学生的个人品牌也可以通过高校的支持和资源获得更大的影响力。我们为了更为细致地研究高校学生工作品牌这一细分层面，而将其从高校品牌中分离出来，以期通过更精细、专门的研究来审视高校学生工作品牌建设，从而推动学生工作实践在高校品牌建设方面发挥积极的作用。所以，为了方便研究和阐述，在此处的高校学生工作品牌价值研究主题下，侧重以高校品牌为论述主体，而这些探讨和结论也适用于高校学生工作品牌。

四、学生工作品牌意义

所有这些品牌建设工作，都对高校的教学质量、社会效益等方面的提高具有促进作用，它不仅促使高校在教学方面不断进步，也通过与社会的连接和合作实现更广泛的影响，从而增强高校在行业内和国际上的竞争力，从整体上提高了高校的竞争优势。

第三节
"五爱"教育学生工作品牌的相关概述

党的二十大报告提出："坚持以人民为中心发展教育，加快建设高质量教育体系，发展素质教育，促进教育公平。"学校要坚持立德树人、五育并举，努力构建德智体美劳全面培养的教育体系，为学生终身发展和幸福成长奠基。

一、"五爱"教育相关概述

"五爱"教育是结合某高校所构建的以"五爱"教育为载体的实践育人体系，其校方组织各学院在该体系下开展"一院一品"系列活动，旨在将"五爱"教育融入实践活动中去，提高大学生的思想政治水平，形成优良的"五爱"校风。其中，"五爱"即"爱己""爱家""爱校""爱党""爱国"。

（一）爱己：关心自己的身心健康和幸福

爱己包括照顾自己的身体、追求个人成长和自我实现，以及培养积极的自尊和自信。古人云："君子自爱，仁之至也。""人若知爱，则应慎护自己。"若一个人在投入爱的同时却不懂得自我爱护、自我尊重和自我珍视，那么他很难实现真正意义上的自我关爱。自我关爱的实质在于人在遭遇困难与挫折时，对自己的生命给予爱护，并把握时间不断成长，当机遇来临时能紧紧抓住，这样的爱是对自己的人生和生命负责。这才是真正意义上的自我关爱。我们在学习过程中接受自我，在成长过程中接纳自我，这才是对生命和自我本真的认识。当学会欣赏和关怀自我时，彩虹会为我们绽放，世界会为我们开启。通过记录生命轨迹，感受生命的坚韧；通过生命挫折教育，磨炼学生的生命意志；通过品味生命美好，培育学生的审美情操；通过关注生命安全，构建学生的和谐关系；通过书写精彩人生，引导学生合理规划人生；通过认识生命价值，提升学生对生命信仰的认识。

（二）爱家：表达对家庭的热爱和关心

爱家包括对家人的爱、尊重和支持，以及为了家庭的幸福和稳定而努力工作。"家庭"文化是中国传统文化的重要组成部分，已经深深地扎根于每个中国人的心中，融入了我们的血液，塑造了我们的价值观。对家庭的热爱可以从多个方面展现出来，也可以从不同的角色中体现。作为学生，对家庭的热爱体现在学习过程中的不断进步，以及在进步过程中对家庭的责任和关爱。这里的责任是指关爱父母，让他们感受到孩子的爱。如果学生对自己的行为从不反思，那么他们可能会对父母和家庭造成更大的伤害。家庭在任何时代中都扮演着重要角色。在时代的变迁中、在诗词歌赋的赞美中、在经典的流传中，家庭成为我们内心的归宿。这里有爱，有温暖，更有无限的幸福。作为时代的新青年，高校必须引导学生学会真正意义上的爱家。通过爱家，学生更能明白深切的社会责任感，并担负起时代复兴的重任。通过感恩教育，让学生体会小家对一个人成长的重要性，人的成长离不开家庭的帮助，家庭也需要每一个人用爱来支撑；通过宣传家风家训，传承优良传统；通过记录生活故事，传递爱的能量。开展"我的家训家规家风故事"主题网文征集活动，并以"音频朗读+图文"的形式制成微信专题作品，在劳动节、母亲节、青年节等重要节点，开展一封家书、一段家话、一则家训等活动，对学生开展感恩教育与生命教育。

（三）爱校：对学校的热爱和忠诚

爱校包括尊重老师和同学，积极参与学校的活动，以及珍惜学习机会。学校见证了学生们青春的热烈绽放和激越昂扬，孕育出了追求卓越、崇尚学术的工师精神。校园是我们成长的堡垒，我们需要在这样的环境中提升自己的学习能力和生活能力。为此，我们要爱护校园，具体表现为尊重师长、爱护校园的一草一木、营造良好的学习氛围，为每一位学子的成长提供支持。对学校的热爱可以增强学生对学校和专业的认同感和归属感，有助于他们树立正确的世界观、人生观和价值观，并推动他们全面发展。换句话说，如果学生有违反纪律、危害环境、破坏公共财物等行为，就是破坏校园的组织建设。在一个缺乏爱的环境中学习和生活，会大大降低自己和周围同学的学习热情，并影响身心健康。要求学生高度认同母校，这是高校构建和谐校园的重要体现。高校应该坚持"以人为本，立德树人"的根本宗旨，大力加强校园文化建设，利用校训、校歌增强校园凝聚力，营造良好的学风和校风。同时，可以开展"我的母校最美"创意摄影活动，以拍摄校园风采和校园生活为主题，以组图形式展示丰富多彩的校园生活，并制作学院宣传微视频。

（四）爱党：对中国共产党的忠诚和拥护

爱党表达了对党的忠诚和拥护。中国共产党是一个伟大的政党。中国共产党一经成立，就义无反顾肩负起实现中华民族伟大复兴的历史使命。经过中国共产党长期的艰苦奋斗，中华民族实现了从站起来、富起来到强起来的伟大飞跃。因此，热爱中国共产党是热爱祖国、热爱人民和热爱中国特色社会主义的必然要求。学生应热爱并拥护中国共产党，立志听党话，跟党走。高等学校的目标是为祖国培养人才，为党育人。教育教学关乎国家根本，因为高校青年学生是国家建设的重要力量。国家方针政策对高校提出了新的时代要求，要求高校建设必须紧紧依靠党的领导，坚持以人为本。大学生思想政治教育工作是实现全程育人、全方位育人的根本。为了实现全方位育人，高校应在教育教学中大力弘扬社会主义核心价值观，引导学生树立正确的荣辱观，理解祖国统一、民族团结、人心向背的重要意义。以学院为单位，组织不同类别和形式的主题党日活动，如学生党员、入党积极分子讲党课，让学生以不同方式深入学习党的先进思想，便于学生接受。利用学校地处我国东北部的优势，组织学生学习东北抗联精神，不忘初心，以史为鉴。提高广大学生的爱国主义情怀，让他们肩负起实现中华民族伟大复兴的历史重任。

（五）爱国：指对国家真诚而热烈的赤诚之心

爱国表示对国家的热爱和忠诚。包括尊重国家的法律和制度，为国家的繁荣和发展做出贡献，以及保卫国家的利益。爱国主义是千百年来在人们心中积淀起来的最纯朴、最深厚的感情。我们经常强调，做人要有气节和人格，而气节和人格的首要因素就是爱国。因此，我们应该在培养学生的爱国主义情怀上下功夫，让爱国主义精神深深扎根在学生心中。作为华夏儿女，爱国主义情怀已经深深地扎根在血脉中。这种情怀源于对祖国的爱。在中华文化发展的千年历史长河中，爱国主义情怀始终占据着主导地位，不论经历多少变迁，血液中始终燃烧着炽热的爱国热情，始终把祖国和人民放在心间。让我们将这份爱跨越时空传递下去。在社会发展的进程中，爱家是对小家的感情，而爱国是一种对大家的爱。爱国是爱的升华，是更高、更大、更深的爱。我们要传承华夏儿女的情怀，学习华夏文明的历史，承担起时代的重任，为实现中华民族的伟大复兴而努力。

爱国不仅是一种认识或情感，而应转化为持续的行动和实践过程。需要在深化国家认知的基础上，通过多种形式，培养大学生的爱国情怀。爱国主义教育必须落实到实践之中，以诗歌朗诵、歌曲传唱、参观实践、志愿活动等多种形式开展"祖国在我心中"活动，并录制微视频。这些网络文化作品应传递正能量，弘扬主旋律，展示"五爱"教育工作的特色，并为申报精品网络文化作品和学生工作精品项目奠定基础。

"五爱"的观念在不同文化和社会中可能有不同的表达方式，但总体来说，它们强调了个人、家庭、学校、政治团体和国家之间的情感和责任。这些价值观通常用来强调社会秩序、社会和谐以及个人与集体的关系。文化上的体现通过文化来培养新时代大学生，就要采用不同的方式，全方位、立体化地提高学生的文化素养，包括文化建设的方方面面，要从这个层面延伸教育教学的内涵。同时在精神文化层面，制订行为文化和物质文化等方面的教育课程加强校园文化建设；比如在校风建设、校训建设、校馆建设等方面加强良好教风、学风建设，形成对学生具有陶冶作用的优良校风。同时注重校园文化景观建设，不断优化校园自然环境和人文环境，加强寝室文化建设，打造最美寝室、学习筑梦寝室、考研寝室等，打造工师文化品牌，增强学校在社会中的影响力和认知度。

二、"五爱"教育取得的相关成果

近年来某校一直将"五爱"教育作为重点工程，持续与校园文化品牌相融合，协同育人，持续推动学生综合素质成长。以"第二课堂"校园文化活动为载体，实施"爱己、爱家、爱校、爱党、爱国"教育工程，通过对学生开展生命教育、良好的家教家风教育、以校为家主人翁教育、忠党爱党信念教育、坚定爱国忠诚教育，着力提升思想政治教育的亲和力和针对性。教育引导学生"爱己、爱家、爱校、爱党、爱国"，做社会主义核心价值观的坚定信仰者、积极传播者、模范践行者。在成果产出方面制作了"五爱"教育工程宣传片，通过语音播报、配乐朗诵、图片故事、短视频、网文征集等方式以不同内容和形式落实"五爱"教育工程内涵，近三百份作品扩大了"五爱"教育在学生中的影响效果。

三、"五爱"教育的育人作用

（一）深刻认识到"五爱"教育在新时代素质教育中的作用

进入新时代以来，高校大学生德育素质的提高，掌握科技知识的水平、技术创新的能力，将决定一个国家一个民族在新时代国际竞争中的地位。为迎接新时代激烈的国际竞争与挑战，将教育作为国家与民族的根本事业，"五爱"教育在高校道德素质教育与精神文明建设中思想道德基础性地位，"五爱"教育在新时代高校素质教育建设中的作用主要有以下几个方面。

1. 培养社会主义接班人的思想道德保证作用

进入新时代后，随着西方思想文化的大量传入，对我国传统思想以及价值观取向带来了巨大冲击，高校作为思想文化的活跃地带，影响尤为严重。部分学生由于受到不良思想的影响，不同程度地存在着道德思想素质方面的偏离。世界经济全球化带来的思想文化多样性趋势日益明显，部分高校学生受网络信息以及多元化思想的影响，价值取向开始出现偏离，以至于无法将个人的理想信念融入建设中国特色社会主义的共同奋斗目标之中。学校是培养社会主义事业接班人和建设者的重要阵地，深化高校素质教育建设，推行"五爱"教育，加强社会主义核心价值观的学习，特别是加强思想道德文化建设来强化社会主义大学的本质地位，强化政治信仰，使正确的理想信念深入人心，形成有利于人才培养的政治方向、道德规范、价值观念和文化环境，确保建设社会主义事业所需人才的质量，有助于优秀红色基因的传承与发展。

2. 德育素质教育优化改革的促进作用

教育事业正处于重要的改革时期，教育的全局性、基础性、先导性的地位和作用，已成为全社会的共识。"五爱"教育作为德育素质教育的前提与基础，对新时代教育改革有重要的促进作用，推进"五爱"教育，培养具有创新能力和德育素质的优秀人才，构建提高素质、培养能力、优化授课三位一体的教育教学体系，已成为新时代教育改革发展的潮流。紧密结合改革开放和社会主义现代化建设的契机，正确引导学生世界观、人生观、道德观的培养与塑造，使高校成为教育改革时期"五爱"教育的主要阵地，将"五爱"教育渗透到课堂教育和实践的各个环节，将学习科学知识和德育素质建设结合起来，通过定期举办座谈会、讨论会、暑期社会实践等活动，及时探索教育教学规律，总结教育经验，因此，不断推进"五爱"教育，提高学生的思想道德素质，正确把握和处理教育改革、稳定、发展三者之间的关系，有效促进教育改革事业的发展。

3. 促进全民族精神文明建设的辐射作用

精神文明建设是具有塑造性的，通过推进学生"五爱"教育，向全社会传递积极信号，影响和带动全民族的精神文明建设。定期组织师生直接或间接参与各类社会活动，紧密联系高校、社会、家庭的沟通渠道，将"五爱"教育所带来的思想道德、文化素质、科学知识、人际关系等精神文明建设成果，辐射、渗透、传播到社会的各行各业，发挥带动全民族精神文明建设塑造性效果，不仅作为知识的承载者和传播者，更成为思想道德的示范者和教育文化素质的社会表率。推进"五爱"教育，提升思想道德素质，建设精神文明强国，成为义不容辞的责任。

（二）深刻把握"五爱"教育在新时代素质教育建设中的原则

1. 德育为主的原则

"五爱"教育反映了社会的基本特征，也顺应了时代发展的客观规律，符合国家教育方面德育优先的基本要求，为新时代教育赋予了新的内涵，道德教育的内容不断地丰富和扩展，要将德育教育渗透到思想道德培养的各个环节，落实到教育改革、课堂学习、社会实践、文化活动、教育实习等各个方面，突出德育教育的重要性，更好地体现出"五爱"教育在新时代德育素质教育建设中的推动作用。

2. 教育引导的原则

推行"五爱"教育活动，通过各种教育渠道，采取各种教育方式，加强思想道德建设和精神文明建设水平，开展广泛的"五爱"教育宣传，营造出思想道德建设和精神文明建设的良好氛围，让学生深刻认识到加强思想道德建设和精神文明建设水平的迫切性和重要性。以德育教育为先，增强学生学习"五爱"教育的主动性和自觉性，在此基础上，建立精神文明建设相关规则制度，规范管理与师生自律相结合，有效约束师生行为，保障"五爱"教育活动的成功实现。

3. 重在建设的原则

坚持开展"五爱"教育活动，需要将深化精神文明建设和基础设施建设相结合，在推动高校德育素质教育的过程中"软件""硬件"兼顾。一方面，根据学生的心理特点和兴趣爱好，开展丰富多彩的精神文明活动，弘扬健康文明的校园文化。另一方面，加紧筹措资金，完善基础设施建设，改善学生学习、生活、工作环境，为学生精神文明建设提供必要的物质基础，更好地开展"五爱"教育活动，促进德育素质教育的建设。

（三）深刻探讨"五爱"教育提升新时代德育素质的路径

1. 牢记"五爱"教育使命，践行德育为先，强化理想信念

当前高等教育正面临着新的变革，应牢记"五爱"教育的光荣使命，引导素质教育以践行立德为先，以强化理想信念作为当代素质教育的根本任务，引领思想素质教育。围绕社会主义现代化建设的现实背景，构建并完善社会主义核心价值体系，强化理想信念，坚持以马克思列宁主义、毛泽东思想邓小平理论，三个代表重要思想科学发展观和习近平新时代中国特色社会主义理论来武装学生的头脑，树立建设中国特色社会主义的共同理想，以更高的职业道德、个人品德升华民族精神的灵魂，让教育回归以人为本的本源，培养学生共同的价值取向，开创民族教育圆梦的新时代。

2. 践行"五爱"教育要求，推行德教兼修，重视德行培养

随着高等教育的全面普及，提高素质教育的质量已成为当前教育所面临的重要课题，为了适应现阶段国际多元文化因素的冲击与挑战，践行"五爱"教育基本要求，坚守并传承优良的传统思想文化，这就要求当代素质教育有必要推行德教兼修，重点强调对学生德行品质的培养，创新人才培养模式。在巩固学科知识教育的基础上，重点把握人才思想品德的培养，立德为基，教学兼行，增强学子报效祖国的历史责任感与凝聚力，迎接国外不良思想的挑战，为社会主义现代化建设提供人才保障。

3. 维护"五爱"教育成果，强化德教动力，营造良好氛围

维护"五爱"教育成果需要建立长效机制保障，必须强化德教动力，优化德教工作体制机制的构建，不仅关系到素质教育工作的顶层设计，更与学生的携手努力密不可分。因此，营造良好的德教氛围将显得更为重要，教师不仅局限于完成教书育人工作，更应该树立崇高的道德理想，忠于德教事业，以学识、人格感染学生，以严格的道德标准要求学生，以真心真情关爱学生，成为学生的良师益友，重视学生良好思想品行的塑造，培养他们形成正确的世界观、人生观、价值观，成为社会主义事业合格的接班人，让社会主义后代们永远闪耀着"五爱"教育的荣光。

学生充满朝气与活力，是民族的未来、祖国的希望，学校肩负着培育人才的使命，应重视学生道德品性的培养，推动"五爱"教育，深化新时代德育素质建设，在建设素

质教育的大道上，秉承德育优先理念，践行德教兼修精神，翻开新时代修德育人新的篇章。

【案例：优良学风"五爱"教育特色品牌活动】

某校生物与食品工程学院开展"高举'三全育人'旗帜，共创优良学风"的"五爱"教育项目活动，该活动旨在通过探讨"三全育人"视角下全员、全过程、全方位的学风建设工作机制，完善具该院特色的"三联动"学风建设服务体系，挖掘十大育人体系在学风建设中的育人要素，探索有效载体，推动高校院系学风建设，促进学生全面发展，落实立德树人根本任务。"三坊三联促四学"学风建设、职业规划教育工作方法（图1-8）。

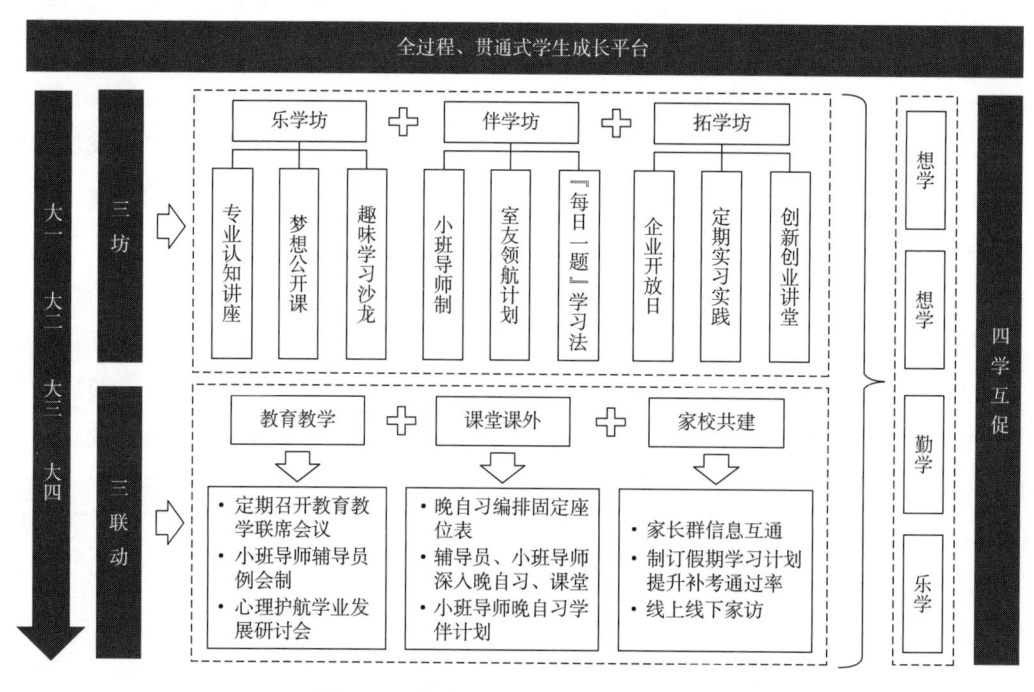

图1-8 全过程、贯通式学生成长平台

一、探索打造"三坊三联促四学"学风建设工作法

引导学生增强专业自信，思考学习生涯规划，树立学习目标，营造良好学风。调动学生学习内动力，提高学生学习自觉性，化"被动学习"为"主动学习"。深入了解学生成长需求，全员参与、全过程培养，进一步完善顶层设计，构建完整的学风建设体系。该工作模式探索搭建全过程、贯通式学生成长平台，从大一到大四，依托"乐学坊""伴学坊""拓学坊"学习品牌，以教育教学联动、课堂内外联动、家校建设联动为服务思路，坚持问题导向，多措并举，促进学生"想学""善学""勤学""乐学"的良性循环。

1."三坊"学风建设品牌

一是乐学坊,旨在引导学生在轻松愉悦的氛围里感受专业魅力,促学生"想学"。通过多种形式的专业认知讲座,邀请校外优秀校友、校内专家教师从专业应用、专业前景、就业方向等方面深化学生对本专业的认识,打破惯性思维,逐步思考未来规划。通过梦想公开课,邀请优秀学长学姐讲述自己的成长经历,用亲身经历教会新生走出属于自己的专业发展路径。在趣味学习沙龙,学生通过亲自参与沙龙活动,促进对专业知识的应用,提高动手能力。

二是伴学坊,旨在充分发挥朋辈教育的积极作用,促学生"善学""勤学"。通过实施小班导师制度(高年级学生担任新生班级的"小班导师",作为新生学伴深入学生晚自习、自习室)、室友领航计划(一名学生党员对应一个新生宿舍,以室友身份相处,帮助新生做好学业规划,组织考前复习讨论和考后总结会)、"每日一题"共享学习本(各班学生志愿者依次进行每日一题讲解,收集制作成共享学习本),强化学习发展支持,切实解决学生在学习中的困难。

三是拓学坊,旨在结合实习实践、创新创业等方式深化专业认知,了解专业前景,增强专业自信,促学生"乐学"。通过让学生参与"走出去"形式的拓学课堂,联系用人单位组织"企业开放日",参观了解工作环境,利用寒暑假,带领学生走进企业,参与实习实践,深化认知并将专业知识与实践相结合。定期开展创新创业讲堂,充分调动学生对创新创业比赛的积极性,激励更多的学生参与到创新创业比赛之中,提高学生的创新意识,增强学生的思维活跃性。

2."三联动"学风建设服务思路

一是教育教学联动:以"学"为主旨,坚持分析研判。定期召开教育教学联席会议,坚持全员育人,及时总结反馈;推行小班导师辅导员例会制度,建立学困生一生一档;心理护航学业发展研讨会,帮助学困生建立积极的学习心理。

二是课堂内外联动:以"做"为核心,坚持真抓实干。辅导员、小班导师深入晚自习、课堂,与任课老师加强交流;晚自习编排固定座位表、小班导师晚自习学伴计划、分学科建立帮扶学习小组等。

三是家庭学校联动:以"生"为根本,坚持服务发展。学校教育和家庭教育紧密相连、密不可分,加强家校沟通、形成合力,是提高教育教学质量的重要保证。建立家校群信息互通,帮助制订假期学习计划,提升补考通过率;线上线下家访。

二、经验与启示

一是该工作模式从制订到实施过程中,总结了宝贵的经验。在实际操作层面不断改进,设计符合学生需求的各类方案和帮扶措施。一年来,组织各种形式的专业认知讲座13场,梦想公开课6次,趣味学习沙龙12次,小班导师制、室友领航计划学伴计划有效开展,联系校外实践基地、就业基地开展拓学课堂7次,不断加强教育教学、课堂内外、家庭学校互动交流，学生学习风气较刚入学时有明显提升、学习习惯明显好转。

二是学风建设是一项系统性、长期性、艰巨性的工程，贯穿学生成长成才全过程，需要持之以恒的努力。"三坊三联促四学"的工作模式还在不断完善中，优良学风不是一朝一夕能够形成的，作为辅导员，要树立长期治理的意识，常抓不懈。在学风建设过程中，需要院系领导、任课老师、辅导员、小班导师、学生骨干均参与其中，帮助学生端正思想认识、调动学习积极性、养成良好的学习习惯，促进优良学风的形成。

第二章
学生工作品牌的创建

第一节 创建思路

一、明确创建高校学生工作品牌的必要性

（一）创建学生工作品牌符合国家对高校高质量发展的要求

党的二十大报告提出，"加快建设中国特色、世界一流的大学和优势学科"，这为我国高校的改革发展提供了根本遵循。识别功能是品牌最基本的作用，因此，学生工作品牌的创建能够突出高校在学生管理工作方面的独特性，增强高校的办学质量和办学特色，符合国家对建设"高质量""中国特色"高校的要求。创建学生工作品牌，是对高校学生管理能力的凝聚和突出，是高校在学生管理水平、管理能力、管理创新方面提高竞争力，突出自身管理经验和办学特色的具体策略，符合国家对高校高质量发展的要求。

（二）创建学生工作品牌是应对教育领域竞争的必要手段

教育部的统计数据显示，截至2022年5月31日，我国普通高等学校已达2795所[1]，普通高等学校的数量一直呈增长趋势。2022年，报名参加高考的人数为1193万。另外，2023年1月17日，国家统计部门公布的最新数据显示，2022年我国出生人口为956

---

[1] 中华人民共和国教育部.全国高等学校名单［EB/OL］.2022-06-17.

万，人口出生率仅为6.77‰，人口出生率再创新低。通过对以上几组数据进行对比不难发现，一方面，我国高校数量不断攀升，另一方面，作为高校主要服务对象的学生数量却在逐年减少。这种生源短缺而高校供过于求的形势，必然导致高校间的竞争更加激烈。高校要想在这种激烈的竞争形势下立足，就必须不断提高自身的竞争能力，发展优势，打造特色，树立品牌，从而在高校间愈演愈烈的较量中站稳脚跟。因此，创建学生工作品牌，增强学生工作品牌的社会影响力，提高学生综合能力与素养，满足社会对人才的需求，从而在教育领域激烈的竞争中获得声誉与地位。

在教育领域，高校之间的竞争往往是激烈的。通过创建学生工作品牌，高校能够在服务学生、发展学生能力和满足学生需求方面展现独特的优势。有助于提升高校的声誉和知名度，吸引更多优秀的学生和教职员工选择高校，确保高校在市场竞争中的竞争力。教育领域竞争的一大焦点是学生的就业竞争力。创建学生工作品牌可以帮助高校为学生提供更好的职业指导、实习机会、职业技能培训等支持。这有助于提高学生的就业竞争力，增加在求职市场上的机会，从而提升高校在学生就业方面的竞争力。学生和家长对于高等教育的期望越来越高，他们更加关注学生的学习体验和服务质量。创建学生工作品牌可以帮助高校提供更优质的学生服务，丰富多彩的校园生活以及积极健康的学生工作环境，从而提升学生的满意度和整体学习体验。满意度和体验的提升是高校竞争力的重要组成部分。

（三）创建学生工作品牌符合优化高等教育资源配置的要求

高等教育资源配置受到市场、政府和学校三个主体的相互作用，不仅对微观教育活动的效率和宏观教育格局的平衡产生影响，而且还间接影响其他社会子系统的协调发展。创建高校学生工作品牌，可以通过其独特的教育管理模式优化高等教育资源，利用品牌影响力使市场需求逐步渗透到高等教育中，如专业设置、招生就业、综合能力的提升等，为其注入知名度与社会效益，从而不断推动高校的教学资源、设备资源、服务资源、管理资源的更新，反过来又为高校学生管理工作品牌建设提供源泉。在社会主义市场经济条件下，教育产业的激烈竞争和优胜劣汰必然促使高等教育不断改革与持续创新。因此，要创建学生工作品牌，把人才培养与市场紧密结合，为市场输送更多优质人才，占据人才市场的有利地位，快速推动高等教育产业向前发展。

为了将有限的教育资源在各级各类教育之间、各地区之间和各学校之间进行合理分配，以便实现教育资源的充分有效利用，我们不得不去认真思考教育资源配置问题，力求通过有效的方式，用有限的教育资源发挥更大的效用。虽然在过去很长一段时期，我国的高等教育资源都是由政府主导进行配置的，但教育作为一种公共产品，自然也不应排除由市场来配置教育资源。品牌本就是一个市场概念，创建学生工作品牌有助于高校顺应资源市场的竞争机制，优化高等教育资源，通过品牌的影响力将市场对高校教育的需求引入高等教育过程中，如招生就业、学生综合素养提升等，从而优化高校学生工作品牌，使其获得更高的知名度和社会效益，这又会为高校学生工作品牌建设提供更多的资源，从而形成良性循环，推动高校提高综合实力，优化高等教育资源配置。

一个优质的学生工作品牌可以吸引更多的外部资源，包括政府拨款、校友捐赠、企业赞助等。这些额外的资源可以用于提升教育质量、提高学生服务、开展研究项目等方面，从而优化高等教育资源的配置。通过学生工作品牌的建设，高校可以提供更好的学生服务和支持，提高学生的满意度。对高校满意的学生更有可能完成他们的学业，减少资源在招生和留学生管理上的浪费。这有助于更有效地配置高等教育资源。学生工作品牌的建设通常伴随着对教学质量的关注和改进。高等教育资源的优化包括改进课程、提供教育技术、培训教师及提供学术支持等。这些措施可以提升教育质量，使学生更容易获得高质量的教育。创建学生工作品牌还可以鼓励高校多样化资源配置。高校可以在学生工作方面创新并引入不同类型的资源，如心理健康服务、职业指导、创新创业支持等。高校可以更灵活地满足学生多元化的需求，提高资源配置的适应性。

（四）创建学生工作品牌符合全面提高毕业生综合素质的要求

党的二十大报告提出，"坚持为党育人、为国育才，全面提高人才自主培养质量。"培养符合国家和社会需要的人才，是高校教育的题中之意。具有全面发展的综合素质和创新精神，是当前国家建设和社会发展对人才需求的突出特点。因此，除专业品牌、学科品牌、科研品牌等品牌建设之外，高校还应该注重致力于提高学生思想、行为及综合素养的学生管理工作，创建高校学生工作品牌。高校学生工作品牌的创建，要坚持以学生为中心，以提高学生综合素质和创新能力为核心目标，围绕学生的全面发展，从思想教育、行为规范、实践能力、就业创业等方面，对学生进行有针对性的引导，多层聚焦，与教育教学融合，构建"五爱"育人思政教育平台。聚焦做实思政课堂主渠道，狠抓思政课质量提升、课程思政改革、课堂教学改革，在提升教育教学质量上发力；聚焦加强教师队伍建设，充分发挥教师的积极性、主动性、创造性，在提高育人意识和能力上发力；聚焦潜移默化的隐性教育，推进管理育人、服务育人、文化育人，在构建全员全过程全方位育人上发力；聚焦主题教育，搭建"身心健康、诚信友善、价值塑造、创新能力、健康人格"五大项目平台，将专业教育和实践教育有机结合，进而取得整体推进、叠加放大的育人效果。建设"五爱"育人资源库，为拓展教学资源和创新教学形式提供丰富的课程思政元素，顺应时代发展需要。

创建学生工作品牌可以帮助高校为学生提供职业指导、实习机会及职业技能培训等支持。有助于培养学生的就业竞争力，提高在就业市场中的竞争优势。可以通过品牌建设强调对学生就业能力的培养，包括职业技能、人际交往能力和创新能力等，以提高毕业生的整体素质。鼓励高校在学生工作方面开展多样化的活动和项目，包括社团组织、领导培养、公益服务、文化艺术等。通过参与这些活动，学生能够培养综合素质，如团队合作能力、领导力、创新思维和社会责任感等。学生工作品牌的建设鼓励学校注重培养学生的多方面能力，提高他们的职业竞争力和综合素质，这意味着高校注重提供实践机会和经验。学生可以通过参与学生工作部门的工作或组织活动，获得实践经验和实际问题解决能力。实践经验对于提高毕业生的综合素质非常重要，可以帮助他们更好地适应工作环境和面对职业挑战。高校可以通过提供全面的学生支持和资源，包括心理健康服务、职业规划、创新创业支持等，促进学生在学术、职业和个人发展方面的全面成长。有助于提高毕业生综合素质，使他们具备更强的适应能力和未来发展潜力。

创建学生工作品牌符合全面提高高校毕业生综合素质的要求。强调高校在提升学生的就业竞争力、培养综合素质、提供实践经验和促进学生全面发展方面的作用。通过品牌建设，高校能够更加注重学生的发展需求，为他们提供更全面、更具价值的教育体验，并增强他们的职业竞争力和个人成长。

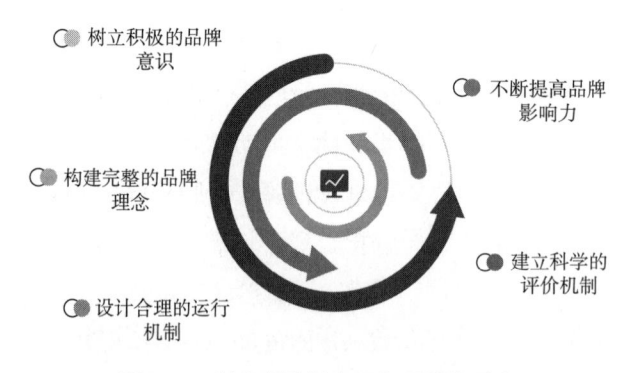

二、创建高校学生工作品牌的思路

国内外对于创建高校学生工作品牌的研究现状如下：在新时期，高校学生工作被定义为在课堂之外对学生进行非学术性教育、管理和服务等相关的概念、事项和活动的集合总称。随着高等教育的改革，高校学生工作的内容已经不再局限于思想政治工作，而是几乎囊括了除常规课堂教学之外的各项学生教育活动及学生事务性工作。学生工作的职能在不断拓展，其工作的范围也在进一步扩大，并逐渐开始转变为学生事务管理与学生思想政治教育相结合的方向。创建高校学生工作品牌的思路有以下几个方面（图2-1）。

图2-1 创建高校学生工作品牌的思路

（一）树立积极的品牌意识

很多高校都拥有自己的品牌，甚至知名品牌，虽然有些品牌在很大程度上是高校在悠久的办学历史过程中自然积淀形成的，而非有意识、有规划地创建而来，但在当前高校之间竞争日益激烈的背景下，品牌高校甚至包括拥有悠久历史的名校，都越来越注重对品牌的打造。可以说，品牌建设已经是如今高校发展中不可忽视的问题。高校应该认识到品牌建设的重要性和必然性，树立品牌意识。具体到学生工作品牌的建设方面，需要包括全体师生在内的高校所有人员，尤其是直接参与学生工作品牌建设和指导的政工干部，都应树立起积极的品牌意识，共同参与到学生工作品牌建设中来。

  高校首先需要明确自身的品牌愿景、价值观和定位。有助于定义学校在教育领域的特色和优势。品牌的价值观应与学校的使命和教育理念一致，以便学生能够产生共鸣和认同。将学校的品牌与引人入胜的故事相结合，能够更好地吸引学生的关注。包括学校的历史、创新成就、杰出校友等元素，以展现学校的独特性和影响力。创建吸引人的视觉识别系统，包括标志、颜色、字体等元素，以帮助学生轻松地辨认学校的品牌。提供品牌意识的培训和教育，以帮助学生了解品牌的重要性以及他们在维护和推广品牌方面的角色。鼓励学生参与品牌建设过程，让他们的声音被听到并反馈到品牌策略中。学生的参与会增加他们对品牌的投入感，并使品牌更具代表性。举办各种校园活动和项目，以展示学校的品牌特点。可以包括文化节、竞赛、讲座、社区服务等。这些活动有助于提高学生对品牌的认知度。利用校友资源，建立一个积极的校友网络，让校友与在校学生分享他们的成功故事和职业经验。这将激励学生，并增加他们对学校品牌的自豪感。收集学生对品牌的反馈和建议，并积极回应。这有助于不断改进和调整品牌策略，以满足学生的期望和需求。利用社交媒体平台和线上渠道积极宣传学校的品牌形象。分享学校的成功故事、学生成就和校园生活，以吸引潜在学生和维护现有学生的品牌意识。

（二）构建完整的品牌理念

  对于为何创建学生工作品牌、如何创建学生工作品牌、创建怎样的学生工作品牌、如何提高学生工作品牌的影响力等问题的思考和理解，决定着高校学生工作品牌建设的层次和效果。因此，在着手创建学生工作品牌之前，领导者及学生工作品牌建设工作的主要人员，需构建起完整的品牌理念，以指导品牌建设实践。具体来说，要熟悉品牌、品牌建设、学生工作品牌等相关理论，了解品牌建设的相关知识、过程和经验；要加强学习，扩大视野，了解国内外知名高校的学生管理工作经验，熟悉与自身情况相近的高校在学生管理工作方面的特点、优势；要全面、客观地认识本校的学生管理工作现状，清楚本校在学生管理工作方面的优势，以及存在的问题或差距。品牌理念需要根据目标受众的特点和偏好来定制。高校应该确定自己在同行中的独特定位。这可能是通过提供特色专业、独特的教育理念、优质的师资队伍或丰富的学生活动等方面实现的。品牌定位应该突出高校的优势和特点，以吸引学生和其他利益相关者的关注。需要确保品牌的一致性传播。这包括在所有沟通和推广渠道上都传达一致的品牌信息，如官方网站、社交媒体、宣传材料等。一致的品牌传播有助于建立对品牌的认知和认同。

（三）设计合理的运行机制

品牌并非静态化的事物，并不是创建了品牌之后就可以"高枕无忧"，品牌具有变动性和扩张性，它时刻处于运动和变化中。因此，理解学生工作品牌的运动规律，熟悉影响高校学生工作品牌的各种因素的结构、功能和相互关系，从而为学生工作品牌建设设计出合理的运行机制和运行体系，是保障学生工作品牌有序运行和扩张的必要措施。具体来说，首先，要根据学生工作品牌的目标制订出科学合理的运行方案，明晰学生工作品牌运行的过程、方式及目标方向；其次，要对学生工作品牌的创建和运营方案进行论证和评估，以发现方案中可能存在的问题，并进一步完善方案；再次，根据已经确定的学生工作品牌创建与运行方案制订运行管理体系，以确保对品牌的实际运行过程实施有效监督、管理、控制和维护；最后，落实对学生工作品牌建设相关人员的培训工作，为品牌的顺利创建和运行加强保障。

（四）不断提高品牌影响力

学生工作品牌建设的目的是提高高校竞争力和影响力，因此，创建学生工作品牌之后，还应该注重不断提高其影响力。简单来说，主要通过"内外兼修"的方式来促进学生工作品牌影响力的提升。一方面，"打铁还需自身硬"，高校要在学生管理工作方面不断精益求精，不断优化学生管理实践工作，提高学生管理实效，并在学生工作品牌设计、运行、管理等方面不断优化和创新，形成独具特色的品牌文化；另一方面，"酒香也怕巷子深"，在如今高校竞争激烈的形势下，除了扎实提高自身实力，还需要通过有效的宣传来扩大品牌的影响力，提高学生工作品牌的知名度。比如，可以通过组织校际交流、专家论坛，或者各种新媒体平台等途径来宣传自己的学生工作品牌，提高品牌的影响力。

（五）建立科学的评价机制

在实施并广泛宣传学生工作品牌后，其育人和社会影响力究竟如何，需要我们通过全面的评估来解答。为了做好学生工作品牌的评估工作，有必要构建一套完整的学生工作品牌评价体系。由于评估是多方的互动行为，因此评估的主体应包括多方主体，只有多方主体参与，才能客观公正地反映品牌在实施过程中的效果。在高等学校中，学生工作评估的主要成员应包括品牌的创建机构以及品牌的践行者——在校大学生。此外，社会的一些机构，如用人单位和教育评估机构等也应当成为高校学生工作品牌的评估主体。品牌创建机构是品牌的设计者、实施者、传播者、研究者；在校大学生是品牌的践行者、受益者、效果的反馈者；用人单位是品牌的检验者、人才质量的信息反馈者，同时也是人才培养的受益者；教育评估机构是品牌的监测者、研究者、反馈者。

对学生工作品牌建设过程进行检视，对照品牌建设目标对建设工作的效果进行评价，是检验学生工作品牌运行机制实效、发现问题的有效途径。首先，鼓励教师和学生积极参与到品牌建设的监督、评价工作中来，不仅有助于及时发现品牌建设过程中的问题，也有助于提升教师和学生对品牌建设工作的参与度；其次，根据学生工作品牌的建设实际，构建科学、全面的评价体系，及时发现和纠正品牌建设中出现的问题；最后，通过项目化的方式对学生工作品牌建设进行管理和评价，将整体目标细分为一个个具体的项目，不仅有利于品牌建设工作的落实，也有助于对品牌建设成果进行验收和评价。

【案例：国际教育学院"五爱教育"背景下大学生爱校教育特色品牌】

为了积极落实五爱教育理念，更好地宣传爱校教育，同时增强学生对学校的认同感和荣誉感，国际教育学院开展"知校、讲校、荣校"系列爱校主题教育活动，采取演讲，主题教育，网上征文，劳动实践等多种途径，调动师生的积极性，最终取得了显著的成效。

一、活动主题

"知校、讲校、荣校"系列爱校主题教育活动

二、活动背景

随着全球化的日益深入，各种价值观念和文化思潮大量涌入，冲击着高校学生的思想，做好高校学生思想政治教育成为高校一项重点工作。大学生爱校教育作为高校思想政治教育的主要内容之一，面临着巨大挑战。从目前对大学生爱校教育的研究现状来看，主要存在两大问题：一是爱校教育与大学生人才培养脱节。二是目前高校教育主体为"00后"，在生源质量下降的背景下，大学生文化素养低，但具备活跃的思维，容易接受新生事物，尤其是在互联网+和新媒体的冲击下，主题爱校教育影响并没有得到淋漓尽致的体现。因此，继续加强大学生的爱校教育已刻不容缓。为深刻贯彻"爱校"理念，丰富我院全体同学的课余文化生活，创造丰富多彩的校园文化，丰富同学们的校园生活，同时展现21世纪进步青年的风采，提高学生的修养，我校开展了知校爱校主题活动。

三、活动目标与意义

（一）活动目标

增强广大师生爱校荣校的主人翁意识和责任感，增强大学生在校期间的健康生活意识，刻苦学习，积极进取，力求成才的坚强决心与坚定信念，以实际行动创造一个宜学、善学、乐学的学习环境，展现我校深厚的文化底蕴，同时响应国家号召和时代召唤，培养具备社会新技术、新思维的社会主义建设者和接班人。

（二）活动意义

活动展示了大学生青春风采，丰富了大学生校园生活，提高了学校社会知名度，

弘扬了校园文化，促进了校园文明，加强了学院文化氛围，展现了当代大学生的崭新形象。同时，也为学生深入了解学校和自己所学的专业提供了平台，使学生不仅能够对自身进行准确定位，制订合理的奋斗目标，更好地了解了校史、校训、校歌、校景，增强学生对自己学校的归属感、认同感和自豪感。再者，多样形式的实践活动的开展，使学生能够劳逸结合，在学习之余增长实践经验、保持身心愉悦，促进学生的身心发展。对于学校来讲，知校爱校主题活动，一方面有利于学校教学质量和教学水平提升、教学内容改善，另一方面，也为校园增添了新的活力，使校园整体呈现出一番欣欣向荣的景象。

四、创新与特色

（一）活动开展的形式丰富多彩

设有"最美工师人"评选宣传活动、最美校园摄影展览活动、我爱校园主题宣传、薪火接力赛主题活动、"红色校园一角"、触动—教师的品格主题活动、高校光辉史主题活动、突出贡献教师传记编写、诵校风咏校情、校内植树、校史讲解志愿员主题活动、爱校演讲比赛、工师带给我的感动主题活动、校园环保、校歌比拼、爱校薪火相传主题活动、校训征文比赛、爱校草木知活动、"一屋不扫何以扫天下"主题活动，以及校史文化节等等主题活动，不仅将线上线下两种方式结合，还分为征文、劳动实践、演讲等各具特色的方式。

（二）活动注重理论宣传和劳动实践相结合

理论宣传方面包括"我爱校园主题演讲、校史讲解、诵校风咏校情"等活动，这些活动能够使学生在搜集相关资料时，加深了对校园文化的印象，对关于校园的相关方面的内容的拓展。劳动实践方面包括校内植树、寻找最有韵味的物件等活动。这些活动能够使学生丰富实践经验，身心得到锻炼。

五、具体活动流程

（一）知校系列主题教育活动

1.开展"校史志愿讲解员"主题活动

随着学校校史馆在建工作的进一步完成，我校准备招聘一些了解学校历史的学生，以便更好地让学生知道本校的背景更好地去发扬我校的风格和传统。举办此次活动对在校大学生了解学校的历史十分必要，同时也需要一些这样的人来帮助我们去探索更有意思的工师。

准备过程：

（1）在学校大屏幕上播放招聘志愿者的信息和校园内发布消息，以便同学们能更好地知晓和了解活动的内容。

（2）宣传志愿者精神，志愿者精神意指一种互助、不求回报的精神，它提倡"互相帮助、助人自助、无私奉献、不求回报"。

（3）对志愿者进行筛选，主要是想看到志愿者展现出助人为乐精神和语言表达能力、对校史了解程度。

2.开展"追忆学校光辉史"学习交流活动

校史记录着学校的产生、发展、鼎盛与传承，对学校声誉和氛围的形成起到重要作用，为了让学生更好地了解学校的历史环境和建设情况，增进学生对学校的热爱之情，提高学生的校纪观念。为了让同学更深地了解学校，和学校建立感情，在学校开心地学习、生活，成为一名合格的工师人，特开展此活动。

活动准备：

（1）辅导员将要举行的活动向各班负责人讲解。

（2）各班学生通过图书馆、网络等渠道，了解学校的历史。

（3）班长组织召开班会，各同学就自己了解的校史进行交流。

（4）由班委成员详细介绍学校的历史。

（5）就所讲问题进行知识竞答。

（6）结束后班长对活动进行总结，学生发表感言。

3.开展"校训伴我行"主题征文活动

陶行知说："千学万学学做真人，千教万教教人求真。"学会做人、打好基础、培养专长、加强实践、报效祖国精神的激励下，学生奋发图强，力创佳绩。为响应"五爱教育"活动，同时也为更好地展现出新时代背景下的校园文化继而开展暖心接力赛来展现校园的活力、人文风。

活动准备：张贴海报，稿件收缴工作、截稿。

征文内容：以建校65周年隆重庆典为主，从不同角度或者我校不同发展时期作为文章切入点描述我校在这十年来的斐然成就，以及作为学子在十年校庆之际献上最真诚的祝福。

征文要求：

（1）文章题材不限，题目自拟，字数3000字以内（诗歌不限字数）。

（2）文章内容积极向上，必须为原创作品，不得抄袭、篡改。

（3）字迹清晰，用正规稿纸抄写或电子邮件上交。

（4）交稿日期为待定稿件，并注明作者的真实姓名及详细联系方式。

评选工作：公布获奖结果，并发证书。

4.开展"红色校园一角"文艺作品征集活动

为了紧跟"五爱"教育步伐，争做新时代文化校园，开展校风文化建设活动开展校园文化展，同时也是为了培养新时代的社会主义接班人，让更多的大学生有"争做时代新青年，展现校园新文化"的觉悟。活动的本质是从学生身边出发，做到活动的一点一滴都与学生和教师息息相关，我们是为了凝聚校园文化，也是为了展现校园文化，更是为了紧跟时代、国家的步伐，做新时代文化校园。

活动准备：

（1）装饰校园的一角或者楼道拍摄短视频，在线上线下同时展示校园历史文化、新时代爱校文化、校园服装文化等。

（2）征集所有学生的作品，如短视频、画作、文章、速写、服装工艺等。

（3）提前准备好活动需要的场地、工具。

（4）学生会所有成员提前到场做好本职工作，相互配合，团结协作。

5.开展"突出贡献教师传记"编写活动

今年是我校成立65周年，在这65年里，我校向社会上提供了大量的优秀人才，然而这里面有太多的老师为此付出了自己的一生，在我校成立65周年之际，我们要寻找出这些老师，并为他们书写传记，学校建校到今天处处都存在着他们的身影，是他们用职业操守护着我们这个学校，他们将学校当成自己的家，深深地爱着这一片土地，我们应该发扬他们的精神，让他们的品质永远留在学校。

活动准备：

（1）采取调查访问的方式，对这几十年来爱岗敬业的老师进行采访。

（2）访问的问题尽可能地精准，不占用老师过多时间。

（3）访问人员必须服装得体。

（4）应具有摄影机等记录工具。

（5）组织学生写出相应的人物传记并由学院收集统一发布。

（二）讲校系列主题教育活动

1.开展"爱在校草木知"宣传活动

希望通过此次活动，让学生更多地了解学校，激发学生爱校之情，明确与学校的关系是息息相关的，明确个人的成长、发展离不开学校这个集体；个人的行为直接影响学校。因此，作为学校的一分子，每个学生都要为建设一个良好的校集体而承担一份责任。此活动主要培养同学们对学校的认知，全面地了解学校的同时提高学生活动积极性，浓厚校园文化气氛。

活动准备：

（1）知校——做一名"小新闻主播"以新闻报道的方式介绍了学校的十年发展历程及取得的成就，同时屏幕上滚动出现学校照片的幻灯片。

（2）爱校——做一名小记者的采访中进行，对全班同学的进行访谈，同学各抒己见，畅所欲言。

（3）爱校——几个同学为校争光的事迹掀起了高潮，同学们争先恐后询问，了解他们是如何取得荣誉的，很多同学都暗暗下决心，要向他们学习为校争光。

2.开展"唱爱校之歌,抒爱校情怀"校歌比拼大赛

校园是学生的第二个家,为进一步推进素质教育,推广我校校歌,丰富我校学生校园文化生活提高学生艺术表现力,创造力和审美能力,为学生提供锻炼的机会,促进师生全面发展和校园和谐发展,我院决定举行校歌比赛活动。

活动主题:唱爱校之歌,抒爱校情怀。

比赛要求:

(1)节奏整齐、音准正确、音色统一。

(2)精神饱满、富有朝气。

(3)服装整齐、统一。

3.开展"最美工师人"评选宣传活动

作为21世纪的高校进步青年,深刻贯彻"爱校"理念,为了丰富我院全体同学的课余文化生活,创造丰富多彩的校园文化,丰富同学们的校园生活,同时展现自我,提高个人修养。通过活动展示大学生青春风采,丰富大学生校园生活,评选代言人进行高校宣传,让各大高校之间有了沟通的桥梁,并且提高社会知名度。

评选方式:

(1)平面摄影:展现选手的上镜感。

(2)演讲:选手的声音话语能力与形象感。

(3)晋级者,优先进行爱校宣传,深入到个人。

(4)在大平台上进行投票,选出优秀选手作为本次活动的形象代言人。

4."最美校园"摄影展览宣传活动

本着弘扬校园优秀的精神风貌,以摄影的形式展现出当代大学生对校园生活的憧憬热爱以及对美、对艺术的理解追求,更能提高个人综合素质,拍摄出校园最美的风貌。通过活动主要培养同学们对学校的认知,更全面地了解学校。提高学生活动积极性,浓厚校园文化气氛,借此丰富同学们的校园课余生活,发掘艺术人才,提高同学们的艺术审美欣赏水平。

活动准备:

(1)作品须为原创,来稿作品在后期制作中,可以对影调和色调等做适度调整。

(2)摄影风格和手法不限,作品必须正能量,积极向上。

(3)作品格式为JPG格式,作品文件命名形式为:作品名+作者姓名+手机号+单位。

(4)提前收齐参赛的摄影作品,并布置场地。

(5)做好提前宣传工作。

5."薪火接力赛"主题活动

积极响应国家"五爱教育"的号召,培养时代的接班人,同时开展一系列活动,

也是为了让新时代的校园与国家与社会更加的紧密相连，同时也是为了凸显校园自身的活力传递校园服装精神，在每一届新生报到的时候组织火炬传递活动，把一届届的校园文化精神传递下去。展现工师精神，传承校园文化。

活动准备：

（1）确认好新生报到的时间，合理安排好所有人员时间的调配，做到活动提前通知，准备有条不紊，不慌不忙。

（2）提前准备好校旗、院旗与活动需要的场地、工具。

（3）提前到场做好所有的本职工作，相互配合，团结协作。

（三）荣校系列劳动实践活动

1.开展"校园环保"卫生实践活动

近年来大气污染引发的一系列恶劣影响尤为严重，使原本就脆弱的环境更加恶化，所以校园环保必须实施。举办本次大型环保公益活动，有利于弘扬大学生良好精神面貌，在大学生中掀起环保热潮，环保事业推上新的高度。与此同时，提升同学们的环保意识，号召同学们积极行动起来保护环境，从身边的点滴小事做起，争做环保践行者，让我们的生活更美好。

活动流程：

（1）在现场进行宣讲环保小知识，环保小点子活动。

（2）征集节能环保金点子。

（3）参与者进行签名承诺。

（4）在校内进行废物利用工艺品的评比大赛，进行投票。

（5）后期由宣传部进行拍照，由新闻媒体做出微信推文。

2.组织学生开展荣校系列主题实践活动

荣校系列主题实践活动，组织学生参加各种校内外竞赛活动、"专四""专八"考试等。将爱校主题教育理论和爱校主题教育实践融为一体，在活动行动中研究。

六、活动实施技术路线图

活动实施技术路线图如图2-2所示。

七、保障措施

（1）学校将请本校有特长的老师及社会人士任兼任教师，作为专业指导小组，并根据活动的需要聘请社会上有专长者作为校外辅导员。

（2）学校提供或帮助解决活动需要的器材、资料、场地以及人员的联络。

（3）学生的校外活动要在指导教师参与的情况下展开，并争取社会有关部门和家长的支持和参与，教育学生注意活动中的安全问题。

（4）根据活动主题，精心挑选活动场地，每次活动前都必须派工作人员踩点，与场地提供方详细了解场地基本情况、活动设施使用近状和安全系数。

```
                    "五爱"教育视域下我校大学生爱校教育工作的探索
                              │
                    "知校、讲校、荣校"系列爱校主题教育活动
                ┌─────────────┼─────────────┐
           知校系列         讲校系列         荣校系列
           主题教育活动      主题宣传活动      主题实践活动
```

"校史志愿讲解员"主题活动　　　"爱在校草木知"宣传活动　　　开展"校园环保"卫生实践活动、校
"追忆学校光辉史"学习交流活动　"唱爱校之歌，抒爱校情怀"校歌大赛　内植树劳动实践活动
"校训伴我行"主题征文活动　　　"最美工师人"评选宣传活动　　　组织学生参加各种校内外竞赛、文体
"红色校园一角"文艺作品征集活动　"最美校园"摄影展览宣传活动　　活动、参加"专四""专八"等考试。
"突出贡献教师传记"编写活动　　"薪火接力赛"主题活动

```
                    加强我校大学生的爱校教育
                              │
            增强我校学子对学校的认同感、荣誉感和责任感
              培养我校学子会感恩励志成才的优良品德
```

图 2-2　活动实施技术路线图

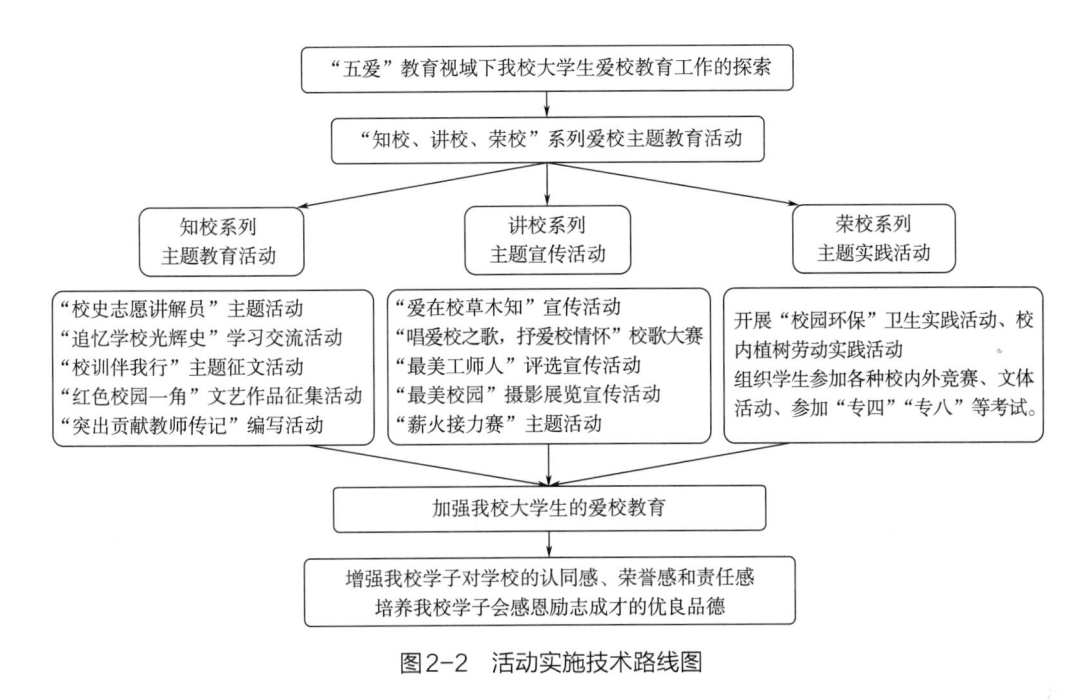

（5）根据场地情况，提供规划好停车地点、组织开展活动地点、就餐地点等。

（6）若在室内进行的活动，还需对场地的消防通道、消防设施等方面情况详细了解，做好紧急疏散应急预案。

（7）两天一晚或以上活动，还需对住宿环境、夜间活动场地安全进行详细考查论证，并做好停电、停水等应急处理办法。

八、活动经验与启示

希望通过此次活动，让学生更多地了解学校，激发学生热爱学校的热情，明确与学校的关系是息息相关的，明确个人的成长、发展离不开学校这个集体；个人的行为直接影响学校。为此，作为学校的一分子，每个学生都要为建设一个良好的校集体而承担一份责任。

第二节
创建原则

高校学生工作品牌的创建原则如图 2-3 所示。

一、围绕高校办学特色创建学生工作品牌

学生工作是高校教育的有机组成部分，如果将高校教育看作一个完整的系统，那么高校学生工作就是这个整体中不可或缺的一个子系统。因此，学生工作不是孤立于高校

教育整体而存在的，也不是孤立于高校教育中的其他部分，如教学工作、教研工作、后勤工作等而存在的。所以，学生工作要放在高校教育的整体工作中去审视、安排和把握，要与高校其他工作内容相协调，且要为高校整体的发展建设服务。相应地，高校学生工作品牌的建设也应该遵循以上原则，从高校教育整体工作和高校品牌建设的整体思路上去把握，深入挖掘高校的资源和特色，使学生工作品牌建设与高校其他各方面的工作相协调、融合，发挥品牌功能，全方位助力高校发展，增强高校品牌体系的竞争力。

创建原则	说明
❶ 围绕高校办学特色	学生工作是高校教育的有机组成部分，如果将高校教育看作一个完整的系统，那么高校学生工作就是这个整体中不可或缺的一个子系统
❷ 突出学生主体地位	以学生为主体是高校重要的办学理念，教育学生、管理学生、服务学生是高校的重要职责
❸ 彰显学生工作性质	高校学生工作不是纸上谈兵的理论性工作，而是具有很强实践性的工作，遵循着具体的工作范畴、岗位职责和工作内容
❹ 突出工作服务重点	高校学生工作所涉及的内容比较广泛，不同的工作有不同的特点和属性
❺ 持续建设与完善	学生工作品牌的建设不是一蹴而就，一劳永逸的，它是一项长期工作

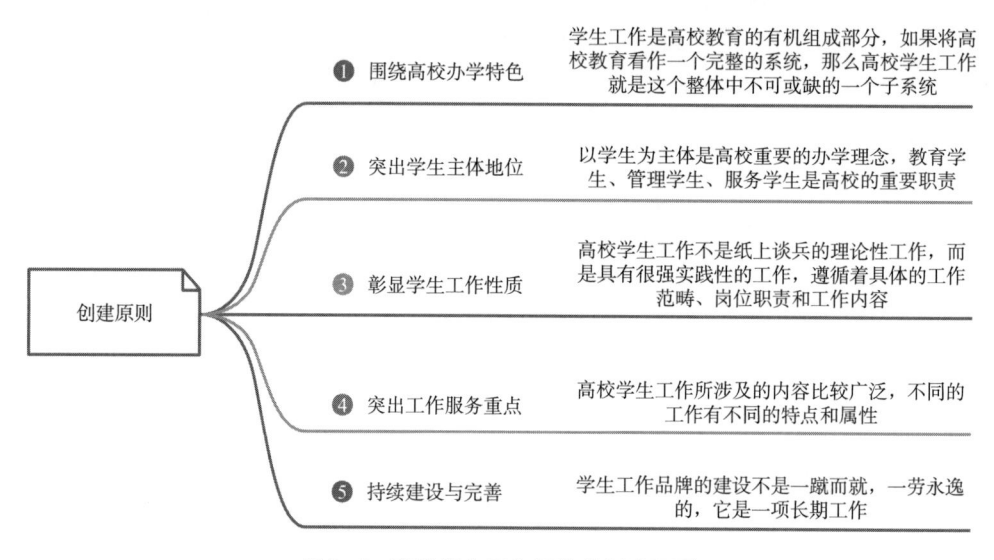

图2-3　高校学生工作品牌的创建原则

党的二十大报告提出，"坚持为党育人、为国育才，全面提高人才自主培养质量""办好让人民满意的教育，建设高质量教育体系""加快建设中国特色、世界一流的大学和优势学科"，为高校改革发展提供了根本遵循。建设高质量教育体系，主要体现为建设中国特色、世界水平的现代教育，其核心就是要鼓励不同类型不同层次的高校办出特色、办出水平。行业特色型高校依托行业而产生、服务行业而发展，在长期的办学实践过程中，形成了农业、水利、地质、化工、石油等独具行业特色的优势学科，为行业技术发展和特色人才培养提供了重要支撑。一批高水平行业特色型高校凭借学科特色、高层次人才集聚、科研成果转化等突出优势，已经成为国家重要的战略科技力量。特色发展是高质量发展的内在要求，突出贡献是高质量发展的应有之义。对于行业特色型高校而言，特色发展既是独特优势，也是必然选择，要坚持科学定位、精准施策，统筹特色、突出贡献，在"特色化"上下功夫，坚持并不断凝练、丰富特色，将学校的特色品牌做大、做优、做强。要立足新发展阶段，贯彻新发展理念，构建新发展格局，坚持扎根地方、面向应用、面向需求、面向社会，服务国家重大战略需求，紧扣经济社会发展大局，结合地方行业发展需要，坚持特色化方向，明确战略目标，建立优势的特色学科专业体系。立足行业、依托行业、支撑行业、引领行业，将"产学研"融合作为高质量发展的战略方向，推动科技创新和行业特色人才培养，充分发挥广大师生的自主创新能力，在破解"卡脖子"难题、解决科技创新成果转化问题上发力，不断提升服务地方经济社会发展的能力和贡献度，努力走出一条特色化、内涵式的高质量发展之路。

二、突出学生主体地位创建学生工作品牌

高校学生工作品牌的创建应当始终以学生为中心，以提高学生的综合素质及培育其创新精神为核心理念。为此，我们需要树立具有前瞻性的学生工作理念，专注于学生的成长与成才。具体来说，这包括从学生的思想教育、实践能力、就业创业、学风建设等多个方面进行有针对性的帮扶与引导，以促进学生的全面发展。以学生为主体是高校重要的办学理念，教育学生、管理学生、服务学生是高校的重要职责，以大学生为主要传播对象的校园文化品牌建设必然需要紧紧跟随当代大学生的兴趣热点或喜好展开，而大学生本人自然最熟悉和了解自己群体的关注焦点或核心问题。因此，在媒介融合的双重影响下，高校校园文化品牌建设需要以学生为本，紧密围绕大学生主体定位。

高校学生工作品牌的建设应该服务于学生的成长成才，所有的具体工作都应该突出学生的主体地位，以学生为中心，想学生之所想，思学生之所需，将培养学生养成正确的思想观念和言行，以及具备积极乐观的心理状态等作为学生工作和学生工作品牌建设的中心内容。具体到学生工作品牌建设的具体工作中，如社团活动的组织实施、创业就业指导工作的落实等，都要注重通过灵活有效的形式和渠道，贴近学生的实际生活，提高学生的参与度和接受度，吸引广大学生自发地参与到学生工作中，使学生在参与这些活动的过程中，受到思想、言行等方面的教育和熏陶，实现综合素养的提升。

高校学生工作部门应该深入了解学生的需求和关切，包括学习、生活、职业发展等方面。通过开展问卷调查、座谈会、个别访谈等方式，获取学生反馈和意见，以便更好地满足学生的需求，提供有针对性的支持和服务。可以通过设计丰富多样的活动和项目，培养学生综合素质和核心能力，如领导力、团队合作能力、沟通能力、创新思维等。这些活动可以是学术竞赛、社会实践、文体活动等，旨在提升学生的能力和个人品质。学校应鼓励学生发展创新精神和创业意识。学生工作部门可以组织创新创业讲座、创业培训、创业项目孵化等活动，帮助学生了解创新创业的机会和挑战，提供创业导师和资源支持，激发学生的创新思维和实践能力。学校可以建立学生发展档案，记录学生的学习成绩、参与活动和获得荣誉等信息。这样的档案可以为学生提供个人发展的参考和证明，帮助他们更好地展示自己的综合素质和能力。学生工作部门可以促进师生之间的有效互动，建立导师制度，提供学术、职业和生活指导等支持。导师可以帮助学生制订发展计划、解决问题，并提供专业建议和指导，培养学生的创新思维和个人成长。积极与企业、社会组织建立合作关系，为学生提供实践机会和实践项目。通过校企合作，

学生可以接触真实的职业环境，锻炼实践能力，培养创新精神和实际操作能力。建立学生成果展示平台，展示学生的研究成果、创新项目、社会实践经验等。这种平台可以展示学生的能力和成就，激励其他学生的学习和发展。这种品牌理念将促进学生的全面发展和个人成长，为他们的未来职业和社会生活做好准备。

三、彰显学生工作性质创建学生工作品牌

高校学生工作不是纸上谈兵的理论性工作，而是具有很强实践性的工作，遵循着具体的工作范畴、岗位职责和工作内容，因此，高校学生工作品牌建设也应该符合学生工作的这种性质。同时，以思想政治教育、言行规范、素质提升等为主要内容的高校学生工作，具有隐性的育人功能。学生工作品牌的建设应该围绕学生工作的本质来落实，使品牌建设更具有针对性和目标性，切忌为了建设品牌而脱离学生工作性质而随意"创造"品牌，使品牌建设成了无根之源、无本之木。另外需要注意的是，在学生工作中要注意妥善处理学生工作品牌建设与学生工作的关系，牢记学生工作品牌建设只是高校学生工作内容中的一部分，不要为了追求品牌建设实效而忽视了学生工作其他部分的内容。

高校学生工作是一项包含众多事务性教育工作的重要任务，涵盖了教学、管理、服务三个方面的内容。其工作以实践教学和指导为主，理论传授为辅。它并非单纯的教辅工作，也不是完全的行政管理和服务工作，而是一项"育人工作"。我国高校学生工作的内容和职责几乎涵盖了除常规课堂教学之外的各项教育与培养活动和学生事务性工作。这些工作内容和职责决定了高校学生工作的根本价值。教育行政部门和学校管理者应尊重学生工作的独特性，将其视为具有内在专业尊严的教育工作，并建立学生工作的专业支持体系，全面开展专业性的实践活动。同时，应形成合理的政策导向，促成学生工作的生态更新。对于学生工作负责人、班主任与辅导教师而言，他们需要唤醒自身的专业自尊与自觉，在研究性变革实践中形成新型的学生工作的专业生活方式，滋养自身的教育智慧并享受自己的专业生活。对于教育研究人员而言，他们需要在富有深度和力度的研究中提升研究质量，锻炼自身的研究能力，真正将学生工作领域的中国特色开发出来。我国社会主义办学方针决定了我国高校学生工作的内容、功能与职责。这些工作在增强学生政治素养，提高学生综合素质，培养合格人才和维护校园稳定，保证高校办学社会效益等方面具有不可或缺的作用，这决定了高校学生工作的根本价值和学生工作队伍的应有地位。

四、突出工作服务重点创建学生工作品牌

高校学生工作所涉及的内容比较广泛，不同的工作有不同的特点和属性，学生工作品牌建设不能眉毛胡子一把抓，而是需要突出重点，才能打造出具有突出特色的学生工

作品牌。学生工作品牌建设的主要人员，要根据学生工作特色、高校育人理念等筛选出学生工作的某个方面进行深入挖掘，找出能够支撑学生工作品牌长远发展的立足点和契合点，并结合全面细致的调研工作，明确品牌发展的目标。某高校电气与信息工程学院在该学校推行"一院一品"项目时，创建了以"党建+"凝聚育人合力，推进高校育人机制创新的项目计划。其以"党建+"为工作机制，打造"党建+"的特色品牌；以"提升人才培养"为标准，以建造学习型党组织为抓手，以"提升人才培养质量"为追求，秉持以学生为本，以德育为主导的工作理念，并在人才培养、科学研究、社会服务、文化传承等方面，因地制宜精心谋划，统筹组织精准发力，不断创新工作方式方法，进一步完善工作机制，提升基层党组织的战斗力和凝聚力，拓展工作载体，提升工作实效，推进学院各项事业稳步发展。同时以理论为导航，融合党团建设，夯实"五爱"育人思想引领基础。注重夯实理论基础，通过职业院校学生"学习筑梦"行动"青马工程"，组织学生学习贯彻习近平新时代中国特色社会主义思想主题教育，铸牢中华民族共同体意识，实现中华民族伟大复兴中国梦，教育引导学生深刻领悟"两个确立"的决定性意义，增强"四个意识"、坚定"四个自信"、做到"两个维护"，争做担当民族复兴大任的时代新人。集聚导师团、马院教师、学生党员、积极分子、学生干部的力量，开展"理想信念、形势政策、中华优秀传统文化、青春故事"专题宣讲，引导学生树立坚定的理想信念，了解国家的大政方针，提升对中华优秀传统文化的兴趣和热爱，让榜样励志故事对学生产生正面影响。通过多层面师生同讲，夯实"五爱"育人思想引领的基础。

具体的品牌建设工作应该综合考量学科建设、师资队伍建设等因素，对品牌建设作出统筹规划，挖掘优势，确定品牌的受众定位、发展定位，突出品牌建设工作的服务重点，增强品牌的核心竞争力。同时，突出和明确学生工作品牌的服务重点，也能够让学生清晰地了解自己在成长过程中需要重点关注和提高的领域，以及自己从学校的学生工作中能够获得哪些具体的帮助，从而调动学生参与品牌建设的积极性。

五、持续建设与完善创建学生工作品牌

学生工作品牌的建设不是一蹴而就、一劳永逸的，它是一项长期工作，所收到的效果也是长期而不断延续的。所以，无论是制度的制订、策略的落实、机制的实施，还是各种具体活动的组织实施，都应该从长效、长远、发展的角度去考虑，并随着各种影响因素的变化而不断丰富和更新学生工作品牌建设的内容，拓展和创新品牌主题，在保证品牌建设有序进行的同时，使其处于开放的状态，以便结合各种新形势、新问题的出现而不断完善品牌的建设和运行，赋予品牌发展源源不断的动力。

学生工作部门应该不断评估和改进自身工作，以确保工作与学生的需求和社会变化保持一致。这包括定期收集学生反馈、进行自我评估和提高服务质量。应接受持续的培

训和发展，以跟上最新的教育和学生服务趋势，提供更高质量的支持。学校可以定期进行学生工作品牌的评估和自我反思。这包括学生参与度的评估、项目效果的评估以及品牌形象的评估。根据反馈结果进行必要的调整。使用社交媒体和其他宣传渠道来积极传播学生工作的成就和影响，与学生和社会建立更紧密的联系。学校领导和管理层需要对学生工作品牌的建设持有长期的投入，以确保它能够持续发展和壮大。建设学生工作品牌需要不断的耕耘和维护，只有通过长期的努力和关注，才能实现持久的效果，为学生提供更好的发展支持和服务。

【案例：经济与管理学院开展中华好家风融入思想政治教育特色品牌】

家庭教育是伴随个人一生的教育，良好的家风有助于大学生塑造健全人格，促进正确世界观、人生观和价值观的形成。无论是在习近平总书记一系列重要讲话论述里，还是在人民代表大会立法中，都不断强调优秀家风的重要性。良好的家风教育是大学生思想政治教育的有益补充，所以，在高校思想政治教育的过程中家风教育建设尤为重要。经济与管理学院依托学院品牌"五爱三堂"融通式思想政治教育体系，现开展中华好家风融入思想政治教育一体化建设活动，成立"晒家风，讲家训"志愿服务实践团队。在国家政策引领和学校高度重视下，通过社团晒家风让优秀家风家喻户晓，课程学家风让优秀家风内化于心、言行践家风让优秀家风外化于行，利用长春文庙社会实践基地，理论与实践双管齐下，深入推进中华好家风融入思想政治教育一体化建设，领悟中华民族传统美德的实质内涵，切实把传承优秀传统文化、培育和践行社会主义核心价值观融入大学生活，传承优良家风，涵养向上品德。

一、活动主题

传承优良家风，涵养向上品德

二、活动背景

2015年，习近平总书记在人民大会堂举办的春节团拜会上提出"不论时代发生多大变化，不论生活格局发生多大变化，我们都要重视家庭建设，注重家庭、注重家教、注重家风。"在会见全国思想道德建设工作先进代表时，再一次强调要大力加强家风建设的重要性。2016年9月，习近平总书记在北京八一学校视察时，再次强调了家庭是人生的第一课堂，在帮助学生搞好学业的同时，更要帮助其培育良好家风。只有家风好，才能教育出好子女，才能塑造出好的社会风气。2017年6月，习近平总书记在脱贫攻坚座谈会上，强调要弘扬优良家风中克勤克俭的良好美德。2018年，习近平总书记在同全国妇联的新一届领导班子讲话时，强调要弘扬夫妻和睦、和合邻里的良好家庭美德。2019年3月，习近平总书记在会见人大河南代表团时，再一次强调要培育良好的乡风、家风和民风。在2021年最新出版的马克思主义理论工程重点教材《思想道德与法治》中，也将重视家庭、重视家教、重视家风放在了重要位置。家庭教育由"家事"上升为"国事"，并于2022年中国共产党第二十次全国代表大会，再次重申加强家庭家教家风建设。基于此经济与管理学院以"五爱教育"为主线，以学院"五爱三堂"为依托，深入贯彻落实习近平总书记系列重要讲话精神，加强中华优秀传统文化教育，推动良好家训家风的传承，培养学生家国情怀，积极践行社会主义核心价值观，开展《中华好家风一体化建设》活动，将中华优秀家风融入大学生思想政治教育通过挖掘中华优秀家风的文化资源，为大学生思想政治教育注入活力；通过加强新时代家风建设，为大学生思想政治教育增强效果。

三、活动目标

（1）组建家风建设志愿服务队，树立家庭志愿服务活动品牌，开展特色家庭志愿服务活动。

（2）培育学生德智体美劳全面发展，提高学生的综合素质，培养有理想、有本领、有担当的时代新人。

（3）构建学校、社会、家庭各司其职，相互融合，协调发展的三位一体的教育新格局。

（4）打造"中华好家风一体化建设"家庭教育模式，形成一套可操作、可推广、可复制、可持续、可运行的机制。

（5）发挥家庭传、帮、带的示范引领作用，以优良家风带学风、正党风、树正风，营造风清气正的校园风尚。

四、活动意义

强化家风建设是大学生思想政治教育的重要突破口，家风为开展思想政治教育奠定家庭基础，家风作为微观载体，可以使抽象的思想政治教育变得具体、鲜活，可以让大学生将思想政治教育的实质内化于心，外化于行。

优秀的家风是中华民族源远流长的优秀传统文化的载体，它对个人的健康成长以及人生观、价值观的形成具有持久性的积极影响，社会的发展和时代的进步也需要我们建设新时代优秀家风。中华好家风一体化建设，为大学生思想政治教育提供文化场域；通过挖掘中华优秀家风的文化资源和教育方式，拓宽高校思想政治教育途径，提升高校思想政治教育亲和力，为大学生思想政治教育传输能量，进一步丰富大学生思想政治教育的内容，提升学生社会适应能力与道德修养，搭建教育桥梁，增强家庭教育与高校教育融合度。

五、创新与特色

大学生思想政治教育强调提升有效性、倡导增强针对性、提倡完善系统性，都是为了从理论层面不断丰富和完善。作为精神风尚的家风对大学生道德养成具有根源性的影响。从"家风"角度切入大学生思想政治教育，可以完善大学生思想政治教育的理论体系。中华优秀家风中蕴含着思想政治教育的目标、内容和方法，在社会价值多元的当下，弘扬优秀家风，积极开展中华优秀家风融入大学生思想政治教育工作，具有重大的意义。

提出将优良家风融入高校思想政治教育中，依托"五爱三堂"品牌项目，从整合教育资源、优化教育方式、完善教育载体、优化教育环境四个方面，构建中华好家风融入思政教育的实践路径，开展一系列家风教育活动。本项目亮点在于，始终以"家"为中心，注重家国情怀，本项目将传统方式和新媒体方式有机融合、互为补充，既注重面对面培训、实地指导、参观学习等传统方式，又有效利用公众号、微信群、线上直播等，构建有效、高效、长效的多层次交流平台，实现科学技术的快速、指向性传播。

六、特色活动方案

为深刻领悟中华民族传统美德的实质内涵，切实把传承优秀传统文化、培育和践行社会主义核心价值观融入大学生活，经济与管理学院计划组织开展"传承优良家风，涵养向上品德"系列活动。

（一）指导思想

深入贯彻落实习近平总书记系列重要讲话精神，大力培育践行社会主义核心价值观，努力营造爱国爱家、孝亲敬老、勤劳致富、崇文重教、诚信守法的校园风尚，为建设和谐校园提供强大的精神动力。

（二）队伍组建

成立辅导员、学生党员、入党积极分子、学生骨干、优秀团员为主的"晒家风，讲家训"志愿服务实践团队。为活动开展、理论宣讲、志愿服务等提供优质人力资源。

（三）活动策划——理论+实践

主题教育活动内容以建设优良家风为目标，深入开展"建设优良家风"主题教育活动，培育全院学生形成良好家风，弘扬中华民族家庭美德，争做诚信友善的新时代大学生。

1.社团活动晒家风（让优秀家风家喻户晓）

（1）艺术宣家风，家风+艺术。引导学生充分发挥才艺优势，利用"大学生艺术团"、"校园文化社"等宣传阵地，以舞蹈、歌唱、书法、绘画、摄影、剪纸等家庭才艺表现形式，同时融入民族团结、传统文化等元素，组织广大学生及其家庭踊跃参加有特色的家庭文化活动，通过"我说我家、我唱我家、我演我家、我画我家"，展家庭文化成果、秀美好家庭生活。

（2）学生评家风，开展"最美家庭"评选活动。社团制订方案，对评选活动进行宣传，并张贴评选活动的相关事宜，让学生详细了解评选的范围及条件，评选活动不仅要取得学生的支持和参与，还要教育引导激励学生背后的家庭积极参与。

（3）平台弘家风，搭建展示家风家训好平台。社团组织各班级要以议家风、晒家训、征格言、传美德为主要形式，开展"好家风好家训"主题宣传活动，通过微信公众号、QQ群等宣传形式，分享好家风、传送好家训。同时，要面向学生征集好家风好家训，在学院公众号设置"好家风好家训"展示台、组织学生开展"好家风好家训"讨论评议。

2.课程理论学家风（让优秀家风内化于心）

（1）开展传统家规学习。"家规"是治家教子、修身处世的重要载体，是中华民族传统文化的重要内容。全院党员干部集中关注中纪委国家监察委员会网站和客户端推出的"中国传统中的家规"专题，认真学习《中国家规》《颜氏家训》《曾国藩家书》等传统家规家训。

（2）开展"传承好家训培育好家风"讨论。以"弘扬家风家训，培育党风政风"为主题，开展"传承好家训培育好家风"专题党课，组织学生党支部召开专题讨论会，讨论要围绕什么是家风家训、培育传承良好家风的重要意义，以及如何传承良好的家风家训等做到人人发言。引导学生党员从身边的例子、名人的事迹、典型的社会事件、舆论的热点话题展开学习讨论，唤醒党员的家风情结，发挥好党员干部的示范带头作用。让家风家训在学生党员之间进行推广、学习，以优秀的家风家训带动校园风气、带动党风学风。努力营造传承好家训、培育好家风，共建和谐美好校园的浓厚氛围。

3.家庭学校践家风（让优秀家风外化于行）

（1）学生家庭侃家风。以学生家庭为载体，以"争做合格家长，培养合格人才"为目标，为家长广泛开展亲子教育、文明礼仪教育、心理健康咨询以及法律法规教育等，宣传普及科学的教育理念，为广大家长解疑释惑，努力提高家长教育子女的水平。教育子女正确认识社会主义的优越性，积极为建设现代化的社会主义强国而献身。通过五爱教育的影响让子女汲取党史丰富的营养，更加相信社会主义，坚定理想信念，为实现中华民族伟大复兴而努力。

开展各类亲子实践活动，在亲子比赛、亲子游戏等活动中提高家长教子的科学性、能动性和实效性，为大学生健康成长营造良好家庭环境。

（2）主题班会践家风。以家风为主题，召开主题班会，组织教师、学生、家长讲述对家风的认识及各自家风，以及培育、传承良好家风在大学生健康成长中的重要作用，引导家长更加注重自身修养、言传身教。同时，通过开展"每周为父母剪一次指甲""每周为爷爷奶奶洗一次脚"等敬老爱老校园主题活动，培养学生敬老爱老助老的良好道德风尚，引导学生传承中华传统美德，弘扬社会正能量，使学生良好家风熏陶下健康成长。

（3）"五爱三堂"行家风。以学校五爱教育为载体，以学院"五爱三堂"项目为依托，拓宽思政教育内容，融入优秀传统文化。通过举办说家风、话家训、写家书、谈家教等活动，使学生从优良家风中汲取力量，在代入自我情感的同时，提高学生的人文素质。中华优秀文化通过一代代家庭长辈的言传身教和家风传承，深入到每个中国人的血脉中。家风、家训作为传承中华文明的微观载体，以一种无言的教育，潜移默化、润物无声地影响着人们的心灵，是每个家庭教育智慧的深刻体现。

家书是维系家人情感的一种方式，家长与学生共同品读自己家庭珍藏的家书或名人的家书，感受家书中浓浓的亲情和朴素的家教智慧。家长和孩子互相写一封"家书"，表达对家人的关爱，积极参加学校组织的亲子家书评选活动。鼓励家长撰写自己在养育子女的过程中成功的经验和有效的做法，为他人教子提供借鉴；家长梳理在家庭教育方面的问题或困惑，交学校汇总。通过此次践行家风家训活动，既传播了文明家庭的治家理念和良好家风，又有效引导了学生们从优秀家风家训中汲取培育道德的养分，也会用实际行动践行优秀的家风家训。

（四）活动开展

主题活动自2023年4月15日启动至2024年4月15日结束，具体步骤如下：

1.宣传发动阶段（4月20日至7月20日）

2.组织实施阶段（7月20日至10月20日）

3.寻找典型阶段（10月20日至次年1月20日）

4.评比表彰阶段（次年1月20日至次年2月20日）

5.传承弘扬阶段（次年2月20日至次年3月20日）

七、活动要求

（一）高度重视，加强领导

开展建设优良家风主题教育活动是我院培育和践行社会主义核心价值观，落实我院"一院一品"项目，夯实家庭教育的重要举措。要求广大党员、团员和学生干部积极参与到建设优良家风主题教育活动中。

（二）注重结合，务求实效

开展建设优良家风主题教育活动要从具体工作抓起，切合实际，讲求实效。要把建设优良家风主题教育活动与学生工作紧密结合起来，充分发挥学生干部的主体作用，使优良家风真正进入广大学生的心坎里。

（三）大力弘扬，全面推进

学院团委要对本次活动进行全方位、多角度的宣传报道，及时播报活动中的热点、亮点及活动中涌现出的感人故事，重点宣传"好家风""好典型"，使广大学生学有榜样、赶有目标，以实实在在的工作推进精神文明建设。

第三节
定位和名称

一、品牌定位

1972年，美国著名营销战略家艾·里斯和他的合伙人杰克·特劳特在美国《广告时代》杂志上提出了一个崭新的概念——定位。这宣告了一个新营销时代的到来，艾·里斯也因为开创了定位理论而被誉为"定位之父"。品牌定位就是指针对产品或服务的潜在消费者的心理采取行动，让某品牌的产品或服务在消费者的心中占据有利位置，这样当消费者需要这类产品或服务时，就会首先选择该品牌的产品或服务。产品的品牌、包装设计、品质等，都是消费者识别产品的信息，其中品牌是消费者识别产品最关键的因素，所以，企业通过进行科学合理的品牌定位可以让消费者对该品牌所代表的产品，乃至企业、企业其他的产品产生认可，企业因此可以聚集起比较准确的消费者群体，并为消费群体提供有针对性的服务，让品牌更加深入人心，从而增强企业的核心竞争力，并在激烈的市场竞争中占据优势地位。

企业在进行品牌定位时，需要以消费者为导向，以差异化的产品为基础，进而在两个不同的体系中为自己的品牌找到最佳位置：一方面，在消费者心理体系中为品牌找到最佳位置，成为该类产品中的代表品牌；另一方面，在行业和竞争品牌体系中，为品牌找到最佳位置，使自己的品牌占据无人竞争的领域或拥有绝对竞争优势的领域。

品牌定位需要遵循一定的流程和策略，通过分析不同学者提出的定位框架或策略，对品牌定位的具体实施作出以下总结。首先，需要确定基本信息，如目标消费者、主要竞争对手、我方品牌与竞争品牌之间的相似性和差异性。其次，需要制订科学合理、系统有序的定位流程。对于品牌定位的流程，概括来说可以分为三个步骤，一是确定企业的品牌策略目标，通过收集市场信息，对企业内部情况、企业外部环境、企业产品等进行分析，找出每一个分析对象的优势和劣势；二是按照一定的标准将消费者划分成不同的群体，也就是对市场进行细分，然后选择与自身产品最为契合的市场，也就是自身产品的目标市场，并对该市场领域的消费者需求做出详细分析；三是结合目标消费者的需求、自身产品特点等信息，设计品牌形象，制订品牌传播与推广方案。建设品牌的最终目的是广而告之，扩大文化的影响力与覆盖面。尤其是对校园文化品牌建设而言，由于核心受众是新生代大学生群体，其对社会新鲜事物的关注度、敏感度最高，因此格外需要在品牌建设时构建全面覆盖、线上线下立体传播模式，并在具体的实施过程中，结合品牌维护的相关环节，对品牌形象做出相应的调整，使其更加契合目标消费者的需求，最终确定适合本企业的品牌定位。需要注意的是，随着社会的发展，市场的变化越来越快，因此，在做品牌定位时需要具备发展的眼光，既要立足于当下，更要着眼于未来；既要满足当前消费者的需求，又要为未来市场可能发生的变化做出一定的预判，树立品牌未来发展目标，为品牌的成长和完善提供足够的空间。

二、学生工作品牌定位系统

根据前文对企业定位流程的分析，结合学生工作品牌的特殊性，在此将学生工作品牌定位系统划分为三个层次，即学生工作品牌的内涵定位、外延定位，以及学生工作品牌的策略定位（图2-4）。之所以要将学生工作品牌定位进行以上层次划分，是为了更好地审视品牌定位的不同内容，作出更为科学合理的定位。学生工作品牌定位是一种特定于学生群体的品牌定位策略，旨在满足学生的需求并提供有意义的价值，建立与学生的情感连接，在学生市场中建立独特的地位。打造忠诚的学生用户群体，并积极促进口碑营销。提供卓越的用户体验、高质量的服务和有价值的内容，以激发学生对品牌的忠诚度，并鼓励他们向其他学生推荐该品牌，不断调整和改进品牌定位策略，并与学生群体建立紧密的互动和反馈渠道，以确保品牌始终保持与学生的连接和共鸣。

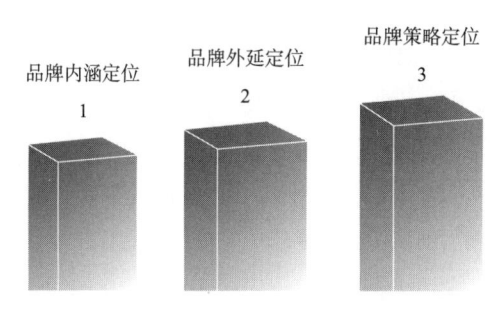

图2-4 学生工作品牌定位

（一）品牌内涵定位

品牌内涵定位也可以称为品牌的价值观定位。品牌价值观是品牌的价值取向，认同学生工作品牌价值观的高校学生和社会群体，会对学生品牌产生信任与好感。认同学生工作品牌价值观的高校学生，会积极自愿地参与到学生工作部门组织的相关活动中，接受教育或熏陶，从而促进学生工作部门品牌建设活动的成效。

品牌价值观对学生工作品牌管理和建设者具有重要意义，它影响品牌管理和建设者的行为，决定着他们对自己所面临的学生工作的认识，也直接影响和决定着他们的管理思想、管理目标、管理风格和管理模式。另外，学生工作品牌的价值观对学生思想、言行、价值观乃至步入社会之后的工作态度、为人处世也都具有重要影响。例如，某校积极构建的"五爱"育人体系建构与实践相互促进的"大思政"格局，其将思政教育贯穿于人才培养全过程，使学生思想政治素养进一步提升。通过"青马工程"和"学习筑梦班"，开展主题教育，培养了一批有引领辐射作用的学生骨干，树立了优秀朋辈榜样。学生创新能力进一步增强，组建电子科技协会、ERP软件协会等专业性强的学生社团，培养了一批专业性强、有创新意识的青年学生，积极参与各级各类专业大赛，多个项目获"挑战杯""创青春"等国家奖项。社会实践活动成效显著，近百支实践团队分赴各地，融入社会，走向基层，"大美吉林"实践服务团、"青马助力脱贫攻坚"实践服务团、"艺鹿有你伴我行"暑期社会实践团获全国大中专学生志愿者暑期"三下乡"社会实践活动"优秀团队"称号。

学生工作品牌价值观的呈现方式是灵活多样的，除了最基本的文字语言概括和宣传，品牌建设者还应该注重策划相关的活动，来体现品牌价值观，让受众真实地感受到品牌价值观的力量。通过基本的宣传推广和活动的渗透，高校学生工作品牌的价值观可以成为一种具有代表性的价值取向和追求，成为高校学生和一定社会公众的价值目标。另外，高校学生工作品牌的价值观还可以成为一种较为固定的价值尺度和准则，被认可它的人们当作衡量事物价值的标准。

学生工作品牌价值观已经确立，就应该保持相对的稳定性。在实践中，高校领导者和学生管理工作人员思想认识上的变化，或者人员的更替、外部环境的变化等因素，都可能会使已经确定的价值观不断地受到挑战。但高校学生工作品牌管理者应尽量避免对价值观的更改，在既有的价值观之外，再根据新形势、新变化确定相应的价值目标，作为既有价值观的补充，构成品牌价值观体系，以便更好地对内指导学生工作品牌建设的具体工作，对外保持稳定明确的价值追求，树立良好的品牌形象。

（二）品牌外延定位

品牌外延是学生工作品牌的一种外在表现，主要可以分为两个方面，一是管理理念，二是管理风格。首先，学生工作品牌管理理念定位是品牌内涵定位的具体化，应该突出品牌的价值观取向和意义。学生工作品牌管理理念定位，需要把握学生工作的目标人群即学生的心理和需求，进而确定采用什么样的管理方式更容易被学生接受，通过这样的过程来塑造一种以品牌价值观认同为基础的管理理念，品牌管理理念定位对于品牌管理具体措施具有指导意义。其次，学生工作品牌管理风格定位是指品牌管理相关人员的管理水平、特点和风格的定位，简单来说，便是品牌被人格化以后所具备的个性与风格定位。品牌管理风格定位包括品牌的视觉识别和行为识别定位、形象定位及文化定位等。

（三）品牌策略定位

学生工作品牌的策略定位是在结合品牌内涵定位和外延定位的基础上，综合分析学生的思想状态、个性、需求等因素，确定采取策略的原则，在品牌建设实践中所采取的策略具有变动性，会随具体情况而改变，品牌策略原则也可能会因各种影响因素的变化而做出相应的改变。

三、品牌定位的流程

高校学生工作品牌的创建是一个复杂的过程，学生管理工作者要完善或创建学生工作品牌，需要按照既定的流程开展品牌系列建设活动。一般来讲，学生工作品牌创建的主要流程包括品牌调研、品牌目标、品牌定位、品牌传播与推广、品牌策划、品牌的实施、品牌的效果评估等环节。品牌调研是指学生工作品牌创建者调查、了解学生工作品牌的现状，对预打造的相关品牌的主要内容的资料收集、对比、汇总并对其存在的问题进行全面剖析的过程。品牌目标是指掌握大量品牌创建的相关信息后，结合学校人才培养目标，确立学生工作品牌的实施应达到的短期目标、中期目标和长期的战略目标。品牌定位是指根据学生工作品牌目标确定其学生工作管理的优势资源，通过内容丰富的各种载体或手段，为学生的成长与成才服务。品牌传播与推广是指学生工作品牌的设计方案完成后，在精心经营的同时需要对品牌给予宣传与推广，让学生认可，家长认可，社会认同。品牌策划是创建活动的关键环节，是基于学生工作调研、学校实际、学生需求上的决策阶段。品牌策划具有科学性、全面性、阶段性、推进性、可控性等特征。品牌的实施是学生工作品牌策划的执行阶段，是品牌创建的核心内容。学生管理工作者在执行过程中要注意实施的计划性、调节性、完整性等问题。品牌的效果评估主要是指了解学生工作品牌实施的情况，创建工作是否按期保质保量地完成，是否实现了预期的效果。

高校学生工作品牌定位不是自成体系、孤立存在的，而是需要考虑高校特色、办学理念、学生工作实际等各方面因素。其中，最为重要的是将高校的办学理念、管理理念，与学生工作实际、学生工作品牌建设相结合，提炼出既符合高校社会主义核心价值观，又能体现高校学生工作特点的品牌社会主义核心价值观。在确定了学生工作品牌社会主义核心价值观之后，就需要确定品牌的竞争目标。具体来说，就是在品牌核心价值观的指导下将学生工作的各项内容进行充分的演绎、推演，发现其中最有优势的内容方向，然后对其进行更为细致的分析，找出与自身发展方向相同或相近的其他具有竞争力的"对手"。在这个过程中，不仅要考虑品牌社会主义核心价值观，还应该关注高校的社会责任和品牌管理的思路，以便做出更为清晰合理的定位，为今后品牌建设提供比较明确的指导。从以上过程来看，也可以将高校学生工作品牌定位分为两个方面，一是明确品牌建设的目标，二是确定品牌建设策略的原则。

在具体实践中，高校学生工作品牌定位可以按照以下流程展开（图2-5）。

第一步，确定学生工作品牌的核心价值观。根据高校的办学理念、管理理念、社会责任、工作实际等情况确定学生工作品牌的核心价值观。注意，品牌核心价值观不可偏离高校整体的价值追求。

第二步，确定学生工作品牌的竞争目标，并对核心价值进行演绎、推演。品牌定位的目的是在了解自身竞争优势的前提下，避开其他强有力的竞争者，寻找到竞争较少又符合自身发展的领域。因此，一定要清楚自己将面临哪些竞争者，并对这些竞争者有充分的了解，这样才能采取有效的建设或营销策略。

第三步，确定学生工作品牌的诉求点。诉求点是指商品或服务在宣传、营销中所强调的、企图劝服或打动受众的重点。在实践中主要通过两个方面来确定诉求点，一是确定宣传或营销的对象，二是确定要向宣传或营销对象强调自身产品或服务的特长。

第四步，形成学生工作品牌策略的原则。这一步是将品牌理念从抽象的概念转化为具体操作的过程。对品牌策略原则的具体化是后续对品牌进行传播与应用的基础。应用与传播需要遵循在这一步中形成的各项品牌策略原则。

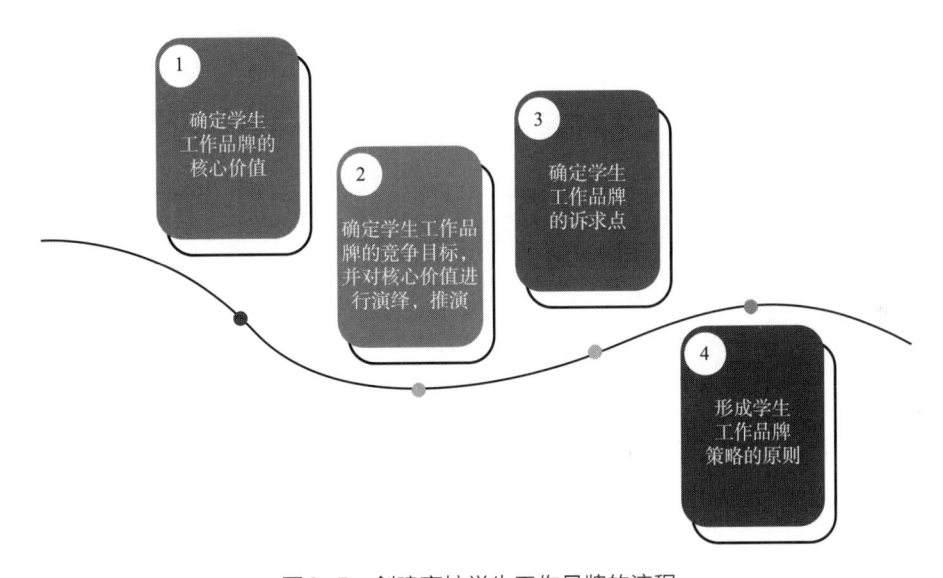

图2-5 创建高校学生工作品牌的流程

四、品牌名称的设计

在品牌建设相关理论中有一个概念——品牌形象，是指企业或某个品牌在市场上或社会公众心中所表现出的个性特征，它是品牌的外在表现，主要包括品牌名称、包装、图案广告设计等。对于高校学生工作这种服务类型的产品来说，确定品牌名称是塑造品牌的重要一步。

从品牌名称设计的理论和经验来看，品牌名称的设计应遵循四个主要原则（图2-6）。

图2-6　品牌名称设计原则

（一）易于传播原则

易于传播是确定品牌名称应遵循的核心原则，该原则主要包括易于识别、易于口传、易于记忆几个要素。第一，品牌名称应该易于被公众识别，比如，品牌名称应避免与其他名称相近，避免使用外延模糊的词语等。第二，品牌名称应该便于人们口头传播，一般来说，不超过四个字的名称更容易被人们口口相传，比如，某高校的网络育人项目品牌名称为"心向'网'之"，易于识别和传播。第三，品牌名称应该便于人们理解和记忆，避免使用生僻难懂的字词。

（二）易于联想原则

在我们所处的客观世界中，事物之间具有相互联系性，事物之间的这些联系反映在人脑中，会形成一定的心理现象，即由一种事物联想到另一种事物。一个好的品牌名称应该能够引起受众的联想，为了使受众产生品牌命名者希望的联想效果，就需要在命名时遵循联想规律。具体来说，可以借鉴目前广告活动中经常使用的类似律、接近律、对比律、因果律。

（三）易于延伸原则

简单来说，易于延伸原则是指某一品牌名称能够扩展到其他产品或服务上。一个优秀品牌名称既要符合品牌定位，也要兼顾今后品牌发展的需要。在商业领域，品牌延伸是企业的一种发展战略，具体是指利用现有的品牌名称推出新的产品，从而进入新的产品类别。例如，"苹果"最初是计算机软硬件的品牌，后来逐渐延伸到智能手机等其他产品上。

（四）适应性原则

适应性原则具体是指学生工作品牌名称能够适应时间、空间等各种因素的变化。学生工作品牌名称不能带有过强的时代特征，以免一定时间以后品牌名称会显得陈旧过时；品牌名称要注意避免因地域差异可能引起的文化冲突，品牌名称应该与高校或学院的管理风格相适应;品牌名称应该与高校或学院的专业特点相适应;品牌名称应该与目标受众,尤其是学生群体的心理相适应。

品牌的徽标设计。徽标是人们在长期的生活、实践中形成的一种视觉化的信息表达方式。就构成而言,徽标可以分为图形徽标、文字徽标和复合徽标三种。徽标是一种视觉图形,它蕴含着一定的含义并易于人们理解,具有简洁、明确、一目了然的视觉传达效果。品牌徽标作为一种识别和传达信息的视觉图形,以其简约、优美的造型语言,体现着品牌的特点和企业形象。

虽然并不是所有的学生工作品牌都会设计徽标,但品牌徽标也是品牌形象塑造的重要内容之一,品牌徽标的设计应该遵循的原则:一是识别性,即品牌徽标应该易于识别和记忆,这就要求徽标的色彩和构图不可过于复杂;二是特异性,即品牌徽标应该具有自己的特点,易于与其他品牌徽标相区别;三是内涵性,即品牌徽标应该承载着一定的含义,不应单独追求色彩、形式等外在的美感,而忽略了赋予徽标一定的象征意义。

【案例:数据科学与人工智能科学学院】

"五位一体"模式下大学生爱校情怀的探索与实践

"家"文化的核心是让学生成为高校这个"家"的主人,以家庭一分子的身份参与学校教育、管理与服务。同时将"互助""沟通""和谐""发展"等元素融入思政工作中,通过打造家之"居"、构建家之"序"、传承家之"学"、创新家之"教"、担当家之"责","五位一体"的模式,让学生既感受到家的温馨又担当起家的责任,从而不断增强对母校的认同感、归属感和荣誉感,在自然中沉淀对母校的深厚感情,以达到培育"爱校情怀"的目的。

一、活动主题

爱校如家　强校有我

二、活动背景

当前在校大学生以"00后"为主体,他们中的绝大多数为独生子女,从小养尊处优,在社会安定、物质丰裕的环境中成长,沟通意识、合作能力、集体荣誉感等较为缺乏。虽然多数大学生能意识到学校为他们创造了良好的学习环境,但也有部分大学生的学校感恩意识淡薄,对学校管理逆反,甚至做出有损学校形象和声誉的行为。主要表现在以下几方面:一是他们对学校的满意度低;二是他们思想比较功利,对学校教学、后勤、学工工作等不理解,体会不到学校及教职工付出的心血和努力;三是他们参加校园文化活动不积极,只想获取,不讲奉献。出现这些不良表现的原因很多:一方面是学校硬件条件、教学质量、学生管理、后勤服务、就业情况、社会舆论、校生沟通、学生认识偏差等在大学生心中的综合反映；另一方面，也说明大学生"爱校情怀"淡漠甚至缺失。因此，培育这部分大学生的"爱校情怀"是高校思政工作的重要课题之一。

三、活动意义

近些年来，随着国家对高等教育投入的不断增加，各高校对校园文化建设的重视力度加大，加强校园软硬件建设，不断修建和完善各类教学、生活设施设备，为大学生提供了良好的学习、生活环境。同时，利用校园内的各种资源和学生身边的现实案例，加强教育，让学生认同所学专业，认同所在院系，进而加强对学校的认同，做到知校、爱校、荣校，将个人的学习、生活同学校的稳定、改革和建设、发展结合起来，做到"校兴我荣，校衰我耻"，从而达到爱校教育的目的。在爱校教育的同时，加强学生的理想、信念教育，树立学生的责任意识、政治意识、民族意识、国家意识，切实解决学生个人的心理困惑和现实困难，帮助学生健康成长、顺利成才，以逐步实现对大学生思想政治教育的培养目标。

当下正处于国家政治体制改革的攻坚期和经济体制改革的转型期，价值观的多元化成为普遍现象，它使得大学生对同一事物会有不同的认知角度，进而产生不同的认知结果。"00后"大学生是受社会自由化思潮冲击较大的人群，开展大学生爱校教育活动，深化学生对校园内的景物、对发生在身边的人和事的认识，具有很强的现实针对性。因客观的存在易接受和理解，所以通过这样由实到虚，由表及里的逐渐影响和熏陶，能够逐步实现对大学生思想政治教育的目的。

四、创新与特色

（1）家的理念已经深入到每个中国人的血液中，影响一个人的价值观，将中国传统"家"文化融入日常思政工作中，来培育大学生的"爱校情怀"。

（2）结合网络思政育人平台体系，在"易班"平台线上开设思政教育、校园文化、爱校教育等模块，形成学校与学生，教师与学生，学生与学生之间互相帮助、互相信任、相互欣赏、互相学习、和谐中求发展的良好氛围。

五、活动流程

（一）打造家之"居"

家有所居，才能心有所依、情有所寄，通过打造与美化"居"所，产生家的归属感。

（1）寝室之"居"。美化寝室创意比赛、打造温馨驿站。

（2）活动之"居"。充分挖掘校内资源，建设"学生干部之家""社团之家""活动室"等，以小家为依托，培养"大家"情感。

（3）暖心之"居"。设立"暖心屋"，通过暖心屋向思政工作者寻求帮助，解决生活、学习、工作、心理健康、就业等各方面的问题，也可以设置"宣泄室"，帮助个别学生排解压抑的心情。

（二）构建家之"序"

家庭中每个人都扮演着不同的角色，父母子女、兄弟姐妹，正所谓长幼有序，这个序就是"家规"。"家规"，首先要建立成文的制度"硬规则"，包括校规、院（系）规、班规、舍规、社规等。只有具备良好的制度文化，才能保障"家庭"正常运行，既要有家的自由，也要有"家规"的约束。

（1）拍摄《学生文明公约》宣传片。

（2）"一屋不扫何以扫天下"主题活动。

（三）传承家之"学"

（1）开设"校友讲坛"。邀请优秀校友返校为在校生开讲，以自身经验、经历以及成长历程解答在校生学业、职业与人生规划方面的困惑。

（2）开展"高校光辉史"主题活动。

（3）开展"爱校薪火相传"主题活动。

（4）开展"校史文化节——寻找工师最有韵味的物件"主题活动。

（四）创新家之"教"

思政工作者在科研和专项工作中，采取项目管理，在项目中与学生一起研究、创新，鼓励一起立项、共同发表论文，实现教学相长。

（1）举办校训征文比赛。

（2）开展"最美工师人"评选宣传活动。

（3）开展"工师带给我的感动"主题活动。

（五）担当家之"责"

作为"家庭"的一分子，应该有一定的责任与担当。在思政工作中，要让大学生担起"家"的责任。首先，在工作中要秉持"创新·实践·源自学生"的理念。校园文化活动以学生为主导，将主动权交给学生，让大学生自觉肩负起建设校园文化的重任。其次，强化"自我发展、自我完善、自主管理"意识，除了学生干部和党员外，让更多大学生参与到学校教育、管理与服务中，在与学校共同承担的过程中树立责任意识，与学校荣辱与共，共谋发展。第三，在思政队伍中落实"以心为本"理念，强化对学生负责的意识，切实快速、有效地解决大学生的实际困难，以家长的心态与责任，营造视校如"家"的氛围。

（1）"诵校风 咏校情"主题活动。

（2）"最美校园"摄影展览宣传活动。

六、活动实施技术路线图

活动实施技术路线图如图2-7所示。

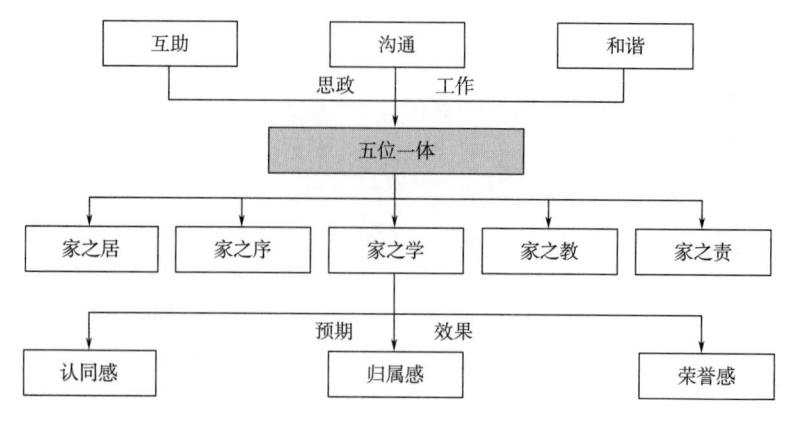

图 2-7　活动实施技术路线图

第四节
运行机制

　　运行机制是引导和制约决策，并与人、财、物相关的各项活动的基本准则及相应的制度，是决定行为的内外因素及相互关系的总称。高校学生工作品牌建设是一个涉及多主体、多内容、多层次的项目，其中各种因素相互联系、相互影响，要保证真正实现各个环节有序进行、各项目标切实达成，就必须建立一套协调、灵活、高效的运行机制。具体来说，高校学生工作品牌建设的运行机制主要包括以下几个方面的内容（图2-8）。

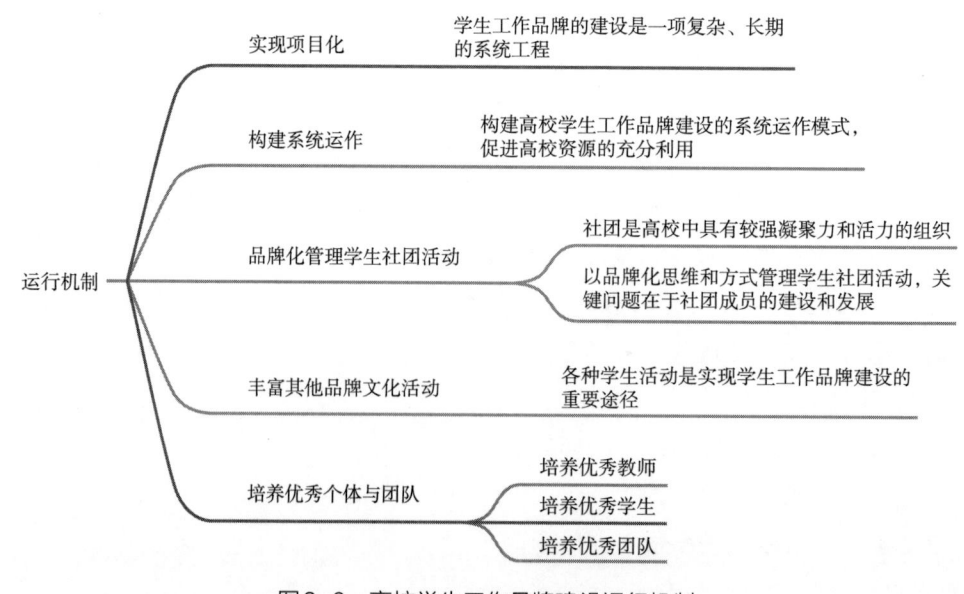

图2-8　高校学生工作品牌建设运行机制

一、实现项目化运行机制

学生工作品牌的建设是一项复杂、长期的系统工程，这一点是我们一定要明确和牢记的问题，要以长远、系统的眼光去审视和思考学生工作品牌的建设，以项目化的思维去计划和实施品牌建设工作，发挥计划、组织、领导与控制等管理职能，将品牌建设工作科学地分解为若干个具体的目标，以给予实际工作明确的方向和驱动力。例如，在品牌建设前期，高校学生工作干部队伍和学生工作品牌建设团队要树立明确的前期目标，如将做好调研和品牌定位作为目标，促进工作团队在调研阶段充分了解高校学生工作品牌现状，认真收集计划建立的品牌（即目标品牌）的相关资料，充分了解该目标品牌在当地高校、全国高校中的地位，了解国外高校开展该品牌工作的情况等，进而对目标品牌的建设、发展状况等作出预估，找到目前存在的不足，确定后续工作重点等，扎实做好品牌定位、品牌建设目标等基础性工作，以免"基础不牢，地动山摇"，为后续品牌建设工作带来不必要的障碍。以项目化的方式来管理高校学生工作品牌建设工作，不仅有助于明确目标，细化和落实具体工作，还有助于实现具体工作责任到人，明晰工作人员职责，避免人浮于事，或权责不明等问题的出现。

二、构建系统运作运行机制

构建高校学生工作品牌建设的系统运作模式，促进高校资源的充分利用，以及学生工作品牌的传播和营销，是保障高校学生工作品牌顺利建设和发展的有效手段。首先，高校要通过学生工作品牌的管理，来构建学生事务工作系统，并根据具体工作需要培训学工人员、院校辅导员、品牌策划人员等，要科学有效地做好资金规划，可以通过政策和制度两方面来科学规划，这样可以从人力与财力两方面为学生工作品牌建设提供充分保障。其次，可以联合科研机构、企业等主体，共同推进学生工作品牌的发展壮大。比如，可以与相关科研机构联合，对学生工作、学生工作品牌等问题进行研究，建立具有较强研究和实践基础以及专门特色的学生工作品牌研究、运作机构，负责调研学生工作品牌状况，准确定位并确立学生工作品牌，以及加强品牌的传播、推广、评价等，或积极参加各种学生工作品牌交流会，逐渐扩大学生工作品牌的推广，在充分利用人财物资源的基础上，尽可能地将学生工作品牌传播工作发展到新的高度。

三、品牌化管理运行机制

社团活动是大学生课余生活的主要方式，承担着构建校园文化的重担，好的社团文化可以推动学校的品牌发展，成为助力学生健康思想体系建立的有利因素，社团的精品活动是社团长远发展的保障，也是学生锻炼自身能力的重要途径。近几年的高校社团建设中存在很多困难，需要广大学生发挥自身聪明才干，挖掘社团的潜力，为学校社团的建设注入源源不断的创意，让社团得到创新发展，为社团的打造以及品牌文化的创建贡献一些力量。社团具有较强凝聚力和活力的组织。参加社团的学生突破了年级、院系的界限，以共同或相近的兴趣爱好为基础自愿集合到一起。社团形式和主题多种多样，是校园文化建设的重要载体，落实立德树人根本任务、推进素质教育的重要载体。通过各种具体的活动来推进高校学生品牌建设，是高校品牌工作的重要内容，而借助充满活力和凝聚力的社团来打造典型性品牌活动，具有很强的可行性和便利性。

以品牌化思维和方式管理学生社团活动，关键问题在于社团成员的建设和发展。需要注意，学生工作品牌建设不只要从架构等外显的层面上建立学生社团活动品牌，更要注重在内在层面上维护和发展学生社团品牌活动。纵观国内高校学生社团的管理情况发现，很多高校并没有注意到对学生社团以及社团活动的系统管理，虽然高校都制订了有关学生社团组织、活动的规定，但大多属于程序化规定，对社团具体的活动缺乏足够的管理力度，没有将社团良好的学生基础有效利用到学生工作品牌建设上来。因此，应该将社团活动的组织和管理纳入学生工作品牌建设中来，注重提升学生社团活动的质量，并以品牌化的管理来重点打造那些有特色的、有优势的社团活动，使其成为落实学生工作品牌建设的有力抓手。学生工作部门也应该注重激发学生参与学生工作品牌建设的主动性和积极性，引导学生在学生工作品牌建设中发挥创新创造力，同时也使学生在活动的组织、实施等过程中得到锻炼，切实提高自身综合素质，促进高校学生工作品牌质量的提升。

（一）以社团理念为基础，开发各种特色活动

社团的活力就在于持续不断地举办各种活动，要想举办真正有吸引力、影响力的活动就要着眼于社团的理念基础，挖掘特色活动，使活动更有意义。比如，汉语言文学社社团就要以自身特质为基础，多开发一些诗词朗读比赛，让喜欢汉语言文化的高校学生参与进来，同时也是传承和发扬优秀的传统文化；志愿者社团可以从学校做起、从自身做起，在校园开展光盘行动、垃圾分类、绿色环保理念传播等主题活动，通过这样的实际活动，吸引更多的高校学生参与。社团的活动多种多样，最后能长久延续下去的只有真正经典的活动，总结发现活动一定是很有吸引力、可以发挥出参与者的兴趣点和个人价值、参与者可以从中收获成长、活动受到了学生和校领导的重视和支持，比如很多学校的经典春季运动会、校级演讲比赛、主持人大赛，之所以能成为经典甚至发展为学校的品牌文化就是它们本身的吸引力和价值能让学生得到成长与锻炼。高校学生的社团活动需求也是多种多样的，发挥自身优势挖掘大家喜爱的活动形式，可以提前利用校园贴吧进行征求意见，最后采用最受大家关注的项目，既做了前期的预热宣传，又了解到大家的接受情况，有助于活动的成功开展。比如近几年的元旦晚会，很多高校就以化装舞会的形式举办，告别以往节目表演、观众观看的形式，使大家的参与度大幅度提升。

（二）社团的发展要制订明确的目标计划

要想社团得到长远的发展，就要制订明确的目标计划，在每学期的开始社团要组织所有成员的集体会议，一起商讨社团在新学期的发展目标以及职位的责任安排。最重要的就是社团的管理运行经验、资源的传承新旧衔接问题，社团要建立自己的成长档案，每年由专门的资料管理员整理当年的社团大事件以及社团活动的举办情况、经验，总结整理成文件档案进行保管，并在下一届管理者到来时做好交接工作，社团的管理者在每年也要做好工作总结报告，将自己的管理心得和经验以报告形式整理提交给档案管理者，相信做好这些基础工作，社团就会实现长远性发展。某高校在进行社团活动的组建时，有明确的目标，将校园文化建设宗旨——"公益三联　大爱江淮"政策落实在品牌社团活动建设的整个过程，在学校内打造了理论学术型、学术科技型、兴趣爱好型和社会公益型等社团。

（三）管理者要给社团活动最大的鼓励和支持

在以往的社团活动中，学校都是放任自由的模式，但是毕竟学生的力量有限，在连接社会资源这块还是比较欠缺的，管理者要发挥自身的岗位优势，给社团工作给予支持和鼓励，在需要的时候给予协助，社团的发展将会如虎添翼。可以选择具体的教师来担任指导教师，可以在学生进行社团活动打造时，给他们一些建议，了解学生的实际需求并及时满足。而且管理者对于学生社团组建的支持，能够给他们极大的信心，让他们拥有打造社团精品活动的充足动力，在这一方面做得更多、贡献更大的力量，让社团活动的效果更好，从而为高校品牌文化建设作出贡献。社团的长效发展是促进高校文化建设的有力手段，高校社团管理者要发挥自身的聪明才智建设社团的创新性，充分调动学生的积极性，学校管理者也要积极给予鼓励和支持，共同打造精品社团活动，促进学校品牌建设。

四、丰富品牌文化运行机制

各种学生活动是实现学生工作品牌建设的重要途径，除社团活动外，组织其他各种类型的校园文化活动也是落实学生工作品牌建设指导思想，强化校园文化建设，提升校园文化品位的重要方式。例如，举行丰富多彩的学生宿舍文化活动，建设学生宿舍活动品牌，可以促进学生工作品牌建设由点到面，更有效地将学生力量汇集到品牌建设中，使学生在品牌建设项目中发挥更大合力。在此以宿舍文化活动为例，通过活动规则的制订、内容的开展等方面，详细分析其他品牌文化活动的组织和实施，希望能够为学生工作品牌建设的具体实践提供一定的参考。

为加强党建和思想政治教育工作寝室阵地建设，积极推进思想引领和文化引领。针对这一要求，各高校开始重视寝室文化建设，以"党建+"凝聚育人合力，积极推进寝室文化建设。立足"以学生宿舍发展为中心"的教育理念，实施"党建+宿舍文化"模式，创新上想办法，特色上做文章。高校育人离不开文化育人，抓好活动育人、文化育人；做到环境育人、服务育人。宿舍文化育人即作为教育者的高校、特别是宿舍管理队伍以学生为教育对象，在学生宿舍范围借助文化载体的力量，通过显性与隐性相结合的方式方法感召、教育、熏陶、指导大学生。同时，学生宿舍是学生生活的小环境，也是承载校园文化的小场所；宿舍成员是参与校园活动的小单元，也是合作完成活动任务的小集体。组织以宿舍文化为主题的活动，可以规定参加活动的作品需以宿舍室内与室外的装饰设计为主，作品主要包括宿舍的平面图、宿舍装饰设计效果图、装饰设计报价、成果图等。

活动目的是让宿舍成员在策划、执行宿舍装饰设计的过程中，在共同生活、学习和交往的过程中通过潜移默化地渗透、陶冶和实战体验，形成被统一认可的文化氛围与价值观念，并对大学生自身产生触动和教育意义的一种群体文化。加深对校园文化的理解，增强策划、团队合作等各方面的能力。高校宿舍文化育人亟须以新时代下大学生的矛盾诉求为着力点开展育人工作，这对高校发挥思想政治教育功能，努力提高青年大学生思想道德素质，培养堪当民族复兴大任的时代新人都具有重要作用。

在作品展示和评比环节，参加活动的宿舍小组结合自己的理解和小团体特点，努力展现自己的构想，通过演讲、汇报等方式，向师生介绍自己的构思和成果，形成交流合作的氛围，同时，深化校园文化的建设与传播，促进学生工作品牌建设，提高全校师生的积极性和创造性。

五、培养优秀队伍力量运行机制

（一）培养优秀教师队伍

教师是传递知识和思想，影响学生学识和精神的关键因素，师生之间的各种交流、讨论和学术研究，都能在潜移默化中对学生形成影响。因此，高校应该注重师资队伍建设工作，注重提高教师教育教学水平，并加强对优秀教师的培养，为提高学生综合素养，提升高校学生工作品牌建设夯实基础。优秀教师不仅有助于提高学生在知识、能力、思想等各方面的能力，还能够在教师团体中发挥引领作用，带动和影响高校教师整体水平的提高。虽然优秀教师可能不是高校学生品牌建设工作的直接参与人员，但他们可以有效促进高校教育水平的发展，为高校的发展建设做贡献，并为高校培养全面发展的人才提供保障，这些都能够间接而有力地为高校学生工作品牌建设增添活力，提供支持。

（二）培育优秀学生队伍

学生是高校学生工作品牌建设的重要参与者，也是学生工作品牌建设工作效果的重要体现者。在一定意义上说，学生还是高校学生工作品牌建设的重要支撑力量。所以，在高校学生工作品牌建设中注重培养优秀学生，不仅可以促进学校价值观、文化等精神因子的传承，也能够增强学生对本校学生工作品牌的关注，吸引他们投身到学生工作品牌的建设中来，促进品牌的建设和推广。其实，高校学生和包括高校学生工作品牌在内的高校整体，是互相影响、互相促进、互相成就的关系。高校的师资力量、教学水平、学生工作品牌等声誉，可以成为加诸高校学生身上的一种"光环"，会使学生获得一定的荣誉感，在社会上也会赢得一定的认可。而从另一方面来说，高校学生的素养和成就，也是高校整体成就和荣誉的有机组成部分。所以，高校学生工作品牌建设还应该关注对优秀学生的培养，发挥以优秀个体带动集体，汇聚个体力量成就团体目标的积极作用，使高校学生个人成长和发展与高校学生工作品牌建设互相融合、互相促进。

（三）培育优秀团队力量

在现代社会中，任何个人都很难在离开集体的情况下取得较大的发展，而集体更不可能脱离单独的个体而存在，一个人再强大也需要团队的扶持与帮助。高校学生工作品牌建设不是某个学校领导、某个学生工作部门员工的任务，而是整个集体的目标，具体到建设工作的各个环节，更是需要集体或团队合作把每一项工作落到实处。学生工作品牌建设团队的工作能力越强，品牌建设工作所面对的困难就越小，品牌建设工作目标就越容易实现，也就容易更好、更有效地推动学生工作品牌建设不断走上新台阶。因此，高校学生工作品牌建设还应该注重培育优秀的工作团队。优秀的工作团队拥有共同的目标，即有效促进学生工作品牌建设工作，团队中的每一位成员都以实现品牌建设目标作为努力的方向，不断落实各项工作，并在工作实践中不断成长，进一步促进团队能力和力量的加强。优秀的学生工作品牌建设团队有助于品牌建设的发展，同时，团队自身也可以形成品牌效应，不仅能代表高校学生工作的质量和水平，也能彰显高校学生工作品牌的品质。具体来说，一个好的团队需要有优秀的领导者，他善于激发每一位团队成员的积极性，并能将所有团队成员的力量凝聚起来，形成众人拾柴火焰高、人心齐泰山移的强大合力，为学生工作品牌建设提供有力保障。

第五节
"五爱"教育学生工作品牌的培育探索

许多地方高校都开始基于本校实际探索"五爱"教育与学校教育实践的有机结合。某高校就是其中将"五爱"教育与学生教育工作结合较好的高校之一。某高校"五爱"教育内容，结合本校实际情况与学生基本情况制订"五爱"教育内容，并以此为品牌，不断创新，推动成功转化，夯实育人成效。"五爱"教育即：爱国、爱党、爱校、爱家、爱己。即从党和国家层面到学校、家庭个人层面进行全面覆盖，对于学生真正做到爱的教育。基于前文对高校学生工作品牌建设的理论研究，从学生工作品牌建设的视角，尝试以"五爱"教育为例，对学生工作品牌进行分析和探索。

一、"五爱"教育学生工作品牌的创建思路与原则

（一）紧密结合学校实际办学特色

某校位于吉林省省会长春市，是一所具有硕士学位授予权的省属全日制普通本科高校，地处国家历史文化名城以及中国最早的汽车工业基地，东北亚经济圈中心城市。该校是全国首批专门为职业教育培养培训专业课教师的全日制本科师范院校，同时也是目前东北三省和内蒙古地区唯一独立设置的全日制本科职业师范院校，因此被誉为"职业教师教育的摇篮"。

学校始建于1959年，其前身为吉林省劳动厅技工学校。自1979年起，学校经国务院批准开展本科教育，并先后更名为吉林技工师范学院及吉林职业师范学院。在2002年，学校正式更名为吉林工程技术师范学院。经过60多年的办学历史，学校已培养了3.5万余名职教教师，并为1.5万余人提供了职教教师培训，成为吉林省职教教师人才培养规模最大的学校。此外，学校也是全国首批职教师资培训重点建设基地以及吉林省职教师资保障体系建设牵头单位。

在教育实践中，学校始终将职业教育教师教育作为核心职责，以应用型专业教育为主线，形成了职业教育教师培养与应用的办学模式。同时，该校以应用性、师范性和专业性为核心，推动学校的内涵发展、特色发展、创新发展和协同发展，突出职业教育教师教育的特色。该校在职教教师培养、职教教师培训、职教科学研究以及职教智库服务等方面进行建设，形成了四个中心。同时，该校充分发挥职教教师保障、职教科研引领、教育教学示范以及职教文化传播的四大有机功能，为职业教育的发展提供了坚实的支撑。该校的目标是培养具备高素质、专业能力和创新精神的职业教育教师，为国家职业教育事业的发展做出积极贡献。

学校形成以教育学为基础，以工学为主体，教育、工、艺术、管、文、理、经等多学科相互渗透、协调发展的学科专业体系。现有教育、机械2个专业硕士学位授权点，6个省级优势特色学科。本科专业54个，其中国家一流本科专业建设点4个、国家特色专业2个、卓越工程师教育培养计划试点专业1个、国家综合改革试点专业1个；省级一流专业12个，省级特色专业、特色高水平专业12个，省级品牌专业3个，省级卓越工程师教育培养计划试点专业3个，省级人才培养模式创新实验区3个。现有国家级精品资源共享课4门、省级一流（金、精品、优秀、示范）课程95门（次）。有国家级教学团队

1个,省级教学团队11个,省高校创新团队2个。现有国家级职业教育"双师型"教师培训基地、国家级大学生校外实践教学基地、教育部职业教育教师教学创新团队培训基地、职业院校校长培训(培育)基地、省"双师双能"培训基地、省人才培养模式创新实验区、省级创新创业基地等省级以上人才培养平台(项目)25个。被评为吉林省转型发展示范高校、吉林省本科人才培养改革示范高校、吉林省特色高水平应用型大学建设高校。

学校一直致力于打造一流本科教育,荣获国家级教学成果二等奖4项,省级教学成果奖40项。探索"校—企—校"协同育人,构建学校导师、企业导师、职业院校导师共同参与人才培养的"多导师制"培养模式,培养职教教师和应用型人才。学校与340多个企业建立稳定的合作关系,深化产教融合,建有现代机器人产业学院、智能制造产业学院2个省级示范性现代产业学院和智能汽车产业学院、工博产业学院、匠谷工匠教育研修院、新闻出版学院等7个校级现代产业学院,拥有"1+X"证书试点项目27个,证书考核工种涵盖33个本科专业。学校推进大类招生,设立卓越师资班、工程实践教育实验班,在省内开展师范生公费教育,与韩国世翰大学、庆一大学、东新大学合作举办中外本科合作办学项目。近年来,学生在"互联网+"大学生创新创业大赛、"挑战杯"大学生课外学术科技作品竞赛等各类科技创新创业竞赛中,获国家级奖、省部级奖项1472项。建校以来,学校为地方经济社会发展培养输送5万多名毕业生,省内职业院校专任教师2.8万人中,有42%毕业于我校,大多数已成为教学和管理骨干。毕业生深受用人单位欢迎,近年来就业去向落实率持续保持在90%以上。

学校始终致力于职教教师教育、科学研究、教学示范、职教文化传承与创新四大高地建设,创建了全国首个职教机械工程师范专业、职教电子信息师范专业(1979年),全国首个高校职业教育研究所(1980年),全国首个职教专业学术期刊《职业技术教育》(1980年),全国首个省级职业教育重点学科(2005年)和省级重点人文社科研究基地(2006年),全国首个职教博物馆和职教发展数据库(2012年),形成了覆盖全国、具有广泛影响力的"五刊五报一馆一网"职业教育学术传播平台,被誉为"中国职业教育的百科全书"。《职业技术教育》杂志被评为中国期刊方阵双效期刊、中文核心期刊、RCCSE核心期刊、中国国际影响力优秀学术期刊,获吉林省人民政府"精品期刊"奖。经省编办批准,吉林省教育厅在我校设立吉林省职业教育研究中心,与学校职业技术教育研究院合署办公,中心积极参与国家和吉林省职业教育发展的政策咨询工作,有效发挥了国家及区域职业教育发展智库的作用。

学校积极挖掘自身的潜在优势,并结合学生的实际情况进行筛选和整合,打造符合学生实际需求和学校发展目标的学生活动品牌。"五爱"教育活动品牌就是基于此而建立起来的。要注重"五爱"教育品牌的针对性和实效性。学生工作品牌的建设应该针对学生的实际需求和兴趣爱好进行设计和实施,以达到预期的效果和目标。要注重

"五爱"教育品牌的创新和差异化。在打造学生工作品牌时应该注重创新和差异化，避免与其他高校的品牌雷同和重复。要注重"五爱"教育品牌的推广和维护。学生工作品牌的建设需要长期地推广和维护，需要学校持续不断地投入精力和资源进行管理和维护。

（二）着重突出"五爱"教育中学生主体地位

学生是学校开展教育教学工作以及日常活动的主体，因此必须牢牢把握学生的主体地位。在高校教育中，教师应该把学生视为合作伙伴，以平等、民主的态度与学生进行交流互动，这样才能更好地促进学生的学习和发展。高校学生具有较为成熟的思想和较强的自主性，因此教师应当充分尊重学生的个性差异，激发学生的学习热情和创造力。通过多样化的教学方法和手段，引导学生主动参与学习，积极思考问题，培养学生的自主学习能力和创新精神。同时，高校教师还要注重培养学生的社会责任感和公民意识。通过开展各种社会实践活动和志愿服务活动，让学生更好地了解社会、关注社会问题，培养学生的社会责任感和公民意识。在高校教育中，教师还要注重学生的全面发展。不仅要关注学生的学业成绩，还要注重对学生的身心健康、人际交往等方面的培养。通过开展各种形式多样的文体活动、社会实践、志愿服务等活动，丰富学生的课余生活，培养学生的综合素质和全面发展能力。总之，在高校教育中，必须牢牢把握学生的主体地位，以平等、民主的态度与学生进行交流互动，注重学生的个性差异和创造力培养，同时还要注重学生的全面发展和公民意识培养。只有这样，才能更好地促进学生的成长和发展，为社会的繁荣和发展做出更大的贡献。

推进"五爱"教育在实际的实施过程中也存在不少问题，其中许多阻力来自学生对教育内容的抵触。究其原因就是内容设计的初心是为了学生发展，但是在实践过程当中没有充分调研学生需求，导致许多好的学习内容流于形式。近年来学校在开展"五爱"教育工程的过程当中也在持续发力，对于学生的主体地位不断巩固与突出，最终形成了现如今的教育模式——"一院一品、一人一特色"，即根据学院的实际情况开展"五爱"教育，能充分发挥学生的主体地位，一院多品不断通过调研，调查学生的兴趣爱好，结合学生实际情况来推进"五爱"教育的不断落地，让"五爱"教育来自学生、扎根学生、帮助学生、培养学生，真正做到以学生为主体。只有这样的教育活动品牌才会迸发出源源不断的活力。

（三）着力推动"五爱"教育持续建设与完善

"五爱"教育应该是持续完善并持续开展的，以"五爱"教育为主题的学生工作品牌建设应该注重提高"五爱"教育的实效性和长效性。具体来说，首先，要构建起"五爱"教育制度体系，将"五爱"教育的内容、方式、目标、策略等关键问题通过制度的方式加以明确，提高"五爱"教育在师生心目中的位置。其次，在具体落实方面，要注重"五爱"教育与其他教育和工作的有效融合，创新教育内容和形式，将"五爱"教育融入课堂教学、科研、实践、管理等各种具体工作中，春风化雨般将"五爱"教育的内容渗透到大学生学习、生活的各个方面，潜移默化地影响他们的思想和精神。在此基础上，不断探索实施各种校园活动、节日活动、社会实践等学生活动，发现和选拔充满特色与活力的活动或教育方式，重点打造使其成为高校学生工作品牌，更好地推动"五爱"教育的落实。

二、"五爱"教育学生工作品牌的定位

2017年9月30日，中共吉林工程技术师范学院委员会印发《学校"五爱"教育工程实施方案》，将"五爱"教育工程作为学校开展大学生思想政治教育工作的主要依据，进一步深化学校思想政治教育工作。"五爱"即"爱国、爱党、爱校、爱家、爱己"。学校结合自身实际情况在新时代德育工作的背景下开展"五爱"教育，明确"五爱"教育定位就是要在全校范围内塑造"爱国、爱党、爱校、爱家、爱己"的环境氛围，培养学生对爱的全方位认知，树立科学的理想信念，养成文明的行为习惯，从而当一名自尊、自立、自强的青年人。

（一）"爱国"教育

"爱国"教育是指教育引导学生自觉学习中国的发展史，了解国情，培养学生的爱国主义情感，爱自己的国家，不做任何危害国家利益的行为，坚决捍卫祖国的荣誉；爱自己的同胞，为同胞谋幸福；爱自己的文化，弘扬中华优秀传统文化，增强文化自信。自觉践行社会主义核心价值观，为实现"两个一百年"奋斗目标而努力学习。

（二）"爱党"教育

"爱党"教育是指教育引导学生自觉学习党的历史，在思想信念上，以马克思列宁主义为信仰，坚决拥护中国共产党的领导，积极学习党的先进理论知识，发扬党的优良作风。争做坚定的青年马克思主义者；自觉学习贯彻党的路线方针政策，增强"四个意识"、坚定"四个自信"，以党的各项方针政策为指导，争做合格的社会主义接班人。

（三）"爱校"教育

"爱校"教育是指教育引导学生树立大局意识、集体意识、责任意识，关心学校发展建设，培养主人翁精神；要知校、爱校、荣校，弘扬校训精神，践行工师精神，传承良好校风学风；要尊师重教、爱校如家、热爱专业、拥护班级、尊敬老师、团结同学，自觉遵守校规校纪，讲文明、树新风，维护学校良好形象，为校争光。

（四）"爱家"教育

"爱家"教育是指教育引导学生树立家庭观念，热爱自己的家庭，关心自己的亲人；要传承良好的家风，自觉维护家庭和睦，浓厚邻里友情，自觉帮助家人成长进步，同荣辱、共患难；要弘扬家庭美德，尊老爱幼、明事知礼，学会感恩、懂得报恩。

（五）"爱己"教育

"爱己"教育是指教育引导学生懂得珍惜生命、珍惜青春、珍惜机遇，懂得热爱身体、关爱心灵、提升品质；要探索自身价值，做好职业生涯规划，寻求成功路径，从言行举止、个人成长、未来发展等方面做到对自己负责；要修德以立身，勤学以增智，健身以强体，做到自尊、自爱、自信、自立、自强。

三、"五爱"教育学生工作品牌的运行机制

（一）实现"五爱"教育学生工作的项目化管理

学生活动项目化管理主要侧重于发挥学生在思想政治教育中的主体作用，以帮助学生成长成才为主要目标。为此，鼓励学生根据自身成长需求和特点，以班级团支部、学生社团、兴趣小组等不同组织形式，向学院自主设计并申报具有创新性和有益于提高综合素质的学生自我教育活动。学院则通过制订"立项指南"和审批、验收等环节进行引导，为广大学生提供指导和帮助。学生活动项目化管理的模式，作为一个新生事物，学生从最初的疑惑、淡漠，逐渐转变为现在的理解、热爱。通过项目化管理模式完成了相关项目，达到了提升自我素质、实现全面发展的目标。这些充分表明，学生活动项目化管理模式已经在校园中深入扎根，为学生的成长成才提供了有力的支持。学生活动项目化管理已成功激发教育的生命力。这种管理模式是以学生的需求为出发点，以促进学生的发展和完善为目的，根据社会的需求以及学生个体自我发展的要求，有目的、有计划地组织和规划各种活动。这种方法旨在激发学生的主体意识，培育他们的主体精神，提高他们的主体能力，从而使他们积极适应并改造社会。

学生活动项目化管理，有助于推动教育对象的社会化发展。通过让学生自主选择合作对象，共同完成教育活动，学生活动项目化管理为学生提供了更多自主权和选择权，从而促使他们更积极地参与教育活动，扮演不同的角色，扩大知识领域，锻炼交往能力，丰富内心世界。从心理学的角度来看，人的能力是在生理素质的基础上，经过后天的教育和培养，并在实践中形成和发展起来的。现代社会学关于人的社会化理论研究也表明，人的社会化过程实际上是一个学习的过程，这个过程就是把一定的价值、态度、技能内化为自己日常生活中习惯性的准则和个人能力的过程。这一过程使个体获得和发展自己的社会性，成为社会的合格成员，并且能够不断适应变化着的社会生活。因

此，学生活动项目化管理中提供的团体重组、角色扮演、任务分工、项目竞标等活动，实际上是学生学习社会文化知识、接受教化、把自己培养成为一个独立成熟的社会人的过程。

学生活动项目化管理具备优化教育资源配置的显著优势。教育资源涵盖了所有具有教育意义且能够保障教育实践进行的条件。优化配置教育资源是学生活动项目化管理的核心目标和基本理念。此类管理模式并非以组织为纽带，而是以项目为纽带，借助项目的实施，充分借助校内外多方资源，以实现资源效用的最大化。在高校思想政治教育工作中，项目化管理被视为激发巨大生机与活力的源泉。通过精准投入有限资源，充分发挥其作用，实现资金的合理利用、资源的合理配置及人员的有效协作。这种管理模式能够极大地提高资源的利用效率，进而推动高校思想政治教育工作的持续发展。

在学生工作方面，需要工作人员摆脱以往被动的工作方式，不再单纯依托高校自上而下的组织结构，依靠行政命令来推进学生管理以及学生工作品牌建设，而要发挥主人翁精神，主动思考、主动作为，积极推动具体工作的落实，不断突破工作目标。具体来说，需要高校管理层以项目化的方式来管理高校学生工作以及"五爱"教育学生工作品牌建设，制订工作制度和目标，并保障学生工作和品牌建设所需的资金、设备、场地等物质需求。对于高校学生工作部门来说，也应采取项目化的管理，将学校领导层面制订的工作目标进一步分解，组织安排资金、人员、活动等，综合化整合活动资源，提升活动质量，打造更具特色的学生工作品牌。

（二）系统构建"五爱"教育学生工作品牌

新时代高校思想道德建设坚持以"五爱"教育为指导，德育为本，能力为重。"五爱"教育在高校素质教育人才培养过程中起到了基础性作用，而德育与能力培养作为素质教育的目的，明确了高校人才培养的根本要求，"五爱"教育为高校精神文明建设质量设定了标准，旨在提高学生道德文明水平，使高校的素质教育、人才培养更加规范化。因此，作为新时代高校素质道德教育的重要任务，在不断完善与发展高校教学育人理念的过程中，"五爱"教育是高校德育建设的前提与基础，而高校德育建设则是"五爱"教育的目标与归宿，二者相互依存，不可分割，摒弃"五爱"谈德育建设，素质教育将会偏离方向，割舍德育专"五爱"，德教培养便会无果而终。只有将二者紧密结合起来，才能全面提升高校素质教育质量，巩固高校精神文明成果，培养出更多社会主义现代化建设需要的德才兼备之人。要把"五爱"教育不断引向深处，使"五爱"教育落到高校素质教育的实处，收到实效，必须认真把握和解决。简单来说，系统构建"五爱"教育学生工作品牌建设，就是将"五爱"教育与高校各种教育和工作相结合，以其他方面的工作来促进"五爱"教育工作品牌建设，以"五爱"教育激活其他方面工作的活力，丰富其他工作的内容。具体来说可以从以下几个方面着手。

1. 将"五爱"教育与课堂教学相结合

课堂教学是培养人才的主阵地,自然也应该是落实思想政治教育的重要渠道。因此,在保证课堂教学质量的同时,结合具体的教学内容,将"五爱"教育融入课堂教学中,可以使高校课堂教学实现知识传播与思想教育的双目标,提升课堂育人实效。具体来说,实现将"五爱"教育融入课堂教学,需要教师结合"五爱"教育的内涵,对教学内容进行深入分析,梳理出具体课程中所蕴含的"五爱"元素。比如,本学科发展的历史、发展过程中的代表人物、这些代表人物有哪些突出事迹或经历等,通过这种深入挖掘,可以发现本学科内容与爱祖国、爱人民、爱党、爱科学、爱自己等"五爱"或经过创新发展的"五爱"精神相契合的点。然后,教师要将具体课程的内容和教学目标与"五爱"教育内容相结合,对原有的教学大纲、教学设计等进行适当调整,以便将"五爱"教育有机地融入课堂教学中。

2. 将"五爱"教育与科研工作相结合

教师是高校科研工作的重要引领者,所以,要将"五爱"教育与高校科研工作相结合。要明确教师的主体地位,发挥教师在二者结合过程中的促进作用。要从制度管理层面对教师在科研工作中的思想教育职责作出规定,甚至可以通过目标考核的方式,对科研团队教师的思想政治表现等进行要求,促进科研团队的教师对"五爱"教育的认同,自觉履行将"五爱"教育贯穿于科研过程的职责。在此基础上,教师在科研过程中可以发挥"五爱"育人方面的引领作用,通过自己的言行对参与科研工作的学生进行"五爱"教育,引导学生积极探索自身价值,树立科研报国远大理想,自觉形成"五爱"思想。

3. 将"五爱"教育与实践活动相结合

从根本上说,学校教育是为了使学生具备今后步入社会所需要的各种素质和能力,是为学生未来工作、生活实践做准备。因此,将"五爱"教育与实践教育相结合,将理论教育落实到实践中,是实现"五爱"教育的另一种重要途径。具体来说,可以通过策划、组织各种校园文化活动,如宣传和普及校风学风校史,提升学生对学校的认同与热爱;可以在特殊的节日、纪念日等,组织学生参观红色教育基地、爱国主义教育基地,或者组织学生定期参与红色志愿服务活动,组织学生进行与红色人物面对面等活动,实现对学生的爱党、爱国教育;辅导员在日常的班会、德育课等工作中,有计划有策略地对学生进行"五爱"教育。另外,除了利用学校自身的教育资源对学生进行"五爱"教育,还可以广泛联合校外资源,如政府、企业、社区等,实现各种主体之间的协同合作,多方面挖掘"五爱"教育实践育人资源。

4. 将"五爱"教育与文化建设相结合

校园文化是对学生影响最为广泛的载体之一,将"五爱"教育与校园文化建设相结合,是完善"五爱"教育学生品牌建设体系的重要内容。具体来说,校园文化建设要以学校的历史、现状、特色为基础，发展具有本校特色以及适宜学生特点的"五爱"教育文化体系，将"五爱"的内涵有机地融入校园文化中。

一方面，可以在校园文化环境建设中融入"五爱"，构建"五爱"教育的环境氛围。比如，可以根据"五爱"的内涵对校园空间进行一定的划分，然后对不同的空间采取不同主题、风格的建筑或装饰设计，如学生宿舍区的装饰以体现"爱自己""爱家庭"为主，教学楼、图书馆、办公楼等空间的装饰突出"爱祖国""爱中国共产党""爱学校"等主题，学校食堂等空间的装饰突出"爱劳动""爱自己"等主题；还可以将校园内的道路以"五爱"命名，设计命名爱国路、爱家路、爱己路等，道路两旁的装饰也可以体现相应的主题；可以在校园、教室、寝室等学生日常活动的主要区域，设立"五爱"主题的宣传标语、宣传画、宣传视频等。

另一方面，可以在校园活动建设中融入"五爱"，构建"五爱"教育的活动平台。例如，通过拓展工作载体和平台，以"线上+线下"的教育方式切实增强思政教育的吸引力和亲和力。具体形式可以表现为但不局限于策划、组织展现大学生个人风采和精神面貌的文艺表演、体育比赛、才艺大赛等，并在比赛的宣传和组织过程中体现"爱自己"的思想，潜移默化地培养学生自尊自爱、自信自强的品质；可以开展以"爱家庭"为主题的征文比赛、短视频比赛等活动，鼓励学生发现自己家庭中温暖感动的瞬间，或深入思考亲子关系、家庭责任等话题，引导学生热爱家庭，关心家人，懂得感恩；可以组织学生参加红色文化学习、红色文化竞赛、红色故事演讲等活动，加强爱党主题教育，提高学生的党性修养和民族荣誉感。"五爱"育人价值理念是"个人—家庭—学校—社会—国家"层层递进不断深入的教育体系，通过"家、校、社"三个阵地协同育人，实现对学生全方位培养和全过程打造。发挥家庭基础作用，打牢和夯实"五爱"育人思想根基；发挥学校主导作用，完善和优化"五爱"育人阵地路径；发挥社会依托作用，烘托和营造"五爱"育人良好氛围，同频共振，构建"五爱"育人共同体。构建了"七位一体"（校院两级党政领导、专任教师、辅导员、学生骨干、学生家长、企业人员）协同育人队伍。

5. 将"五爱"教育与心理教育相结合

心理健康教育、心理健康辅导是心理育人工作的重要内容，2020年4月，教育部等八部门发布《关于加快构建高校思想政治工作体系的意见》，其中将"促进心理健康"作为高校日常教育体系之一进行阐述，可见心理健康教育在高校教育工作中具有举足轻重的地位。在现代社会，生活节奏不断加快，一个人除了要具备专业素养，还需要具备健康强大的心理素质。高校在心理育人工作中宣传心理健康知识，普及心理健康教育或进行心理健康辅导时，适当地融入"五爱"教育的内容，在培养大学生健康心理的同时，引导他们形成良好的思想品德和精神追求，以客观、理性的眼光看待生活中的问题，心态平和地面对生活中的困难，自尊自爱，自立自强，以良好的精神面貌和心理态度面对学习和生活。另外，高校还应该注重构建以"五爱"教育为主要引导的学生心理健康保障体系，充分发挥教师、家长、学生、心理专业人士等角色在心理教育方面的不同作用，形成更为全面、更有针对性的心理健康保障体系，对学生进行"五爱"教育。例如，对于性格内向的学生，通过教师和家长的鼓励，身边同学的影响和帮助，促使他们发现自我价值，树立起自尊、自立、自强的信念；可以邀请心理学方面的专家开展专题讲座，为学生提供有针对性的心理健康服务，解答学生成长过程中的疑问等。

"五爱"教育方式的核心是爱，重点强调在与学生互动时表现出充满爱的态度和行为。"五爱"教育的理念可以帮助学生发展出健康的自尊心和情感稳定性，增强学生的社交技能和沟通能力。与此同时，我们也需要深入思考"五爱"教育的实践和效果。不仅要将口号和情感停留在宣传上，更应该注重落实到实际行动中，让学生能够真正感受到身处的角色，培养积极向上、勇于担当的责任感和使命感。此外，应该注意在教育中平衡关注，避免"重情感、轻知识"的局面，更好地实现教育品质和教育价值的提升。总体而言，大学生"五爱"教育是一个系统而综合的工程，需要全方位的理论和实践指导，并需要大学生、家长和学校共同努力，建立和谐对话的社会意识。我们应该积极推荐和实行，发掘和弘扬爱的力量，让学生在尊重自己、尊重家庭、尊重社会的同时，真正感受到这些精神在社会中的实践运用。

【案例：电气与信息工程学院培育党建+创服务】

——打造党员先锋引领工程学生工作特色品牌

结合学院专业特点和思想特点，经过多年的理论研究和实践创新，通过打造"信息流通先锋岗""主题教育先锋岗""党团团结先锋岗""贴近生活先锋岗"四项举措，注重发挥学生党员先锋模范作用，增强学生党员身份意识和责任意识。致力于服务群众，提升党员贡献度，不断创新工作模式。

一、活动主题

强党建，促服务。

二、活动背景

电气与信息工程学院学生党支部秉持以学生为本，以德育为主导的工作理念，大力创新"党建+促服务"工作机制，打造"党建+促服务"特色品牌，树立了新时代学生党支部建设工作"风向标"。以"信息流通先锋岗""主题教育先锋岗""党团团结先锋岗""贴近生活先锋岗"四项举措为抓手，丰富党建活动载体，筑牢学习型阵地，突显党支部政治思想引领作用。始终坚持特色融合，创建"特色、融合、有效"的党建工作品牌的特色引领发展机制。切实发挥党支部主体作用，以党支部为基本单位，形成学生党建工作常态化长效化机制。

三、活动目标与意义

开展党员先锋引领工程,一是进一步强化党员实践能力,帮扶青年学生了解党的初心使命,带动青年学生热爱祖国、热爱奉献,发挥先锋示范、中流砥柱的作用。二是引领实践服务,构建育人环境。通过党建和实践服务活动,不断增强学生党员家国情怀、社会责任和担当精神,不断提高创新能力和实践能力。

四、创新与特色

(一) 服务内容的创新

要将学生的学习、生活、社会实践、就业指导等统一起来,将重点服务内容呈现给学生,给学生提供最需要的服务。要进一步拓宽服务内容,对学生在校期间或在外期间遇到的问题和困难,要给予及时的帮助,提供必要服务,帮助学生解决困难,提升其适应社会的能力。

(二) 服务载体的创新

进一步发挥互联网的优势,注重运用社会资源,充分利用广大学生的兴趣爱好,建设专业的党建网络平台,更好地推动学生党员的党建学习。

五、具体活动流程

(一) 打造"信息流通先锋岗"

1.构建党建信息大平台,开拓学生支部党建工作新阵地

一是,巧用智慧党建平台。利用"新时代吉林党支部标准体系(BTX)建设"、微信公众号"电闪信动"、微博、论坛、QQ群等平台,打造新时代贯彻落实习近平总书记关于加强读书学习、建设学习大国重要指示精神的便捷、快速、灵活的有效载体。二是,在选取教育内容上,紧扣现阶段学习主题。设立信息发布、沟通交流、在线学习、网络投票、音视频播放、实施考勤、考核评议、专题讨论、舆论引导以及属性分析等板块,成为传播主流价值观、宣传党的理论、加强党建的有力阵地。新平台的应用调动了广大学生的参与度,充分发挥学生骨干带头作用,大大提高了学生管理工作和党建工作的有效性和覆盖面,促进了高校学生工作管理和服务水平的提高。

2.智慧党建平台建设与学风建设相结合,把立德树人作为根本任务

一是,建立"三扶"措施。借助智慧党建平台深入推进学风建设工作,采取从学习上"扶业"、思想上"扶志"、能力上"扶智"等方式,将学业预警同学纳入平台组织树,分配"一对一"帮扶责任人,发动学生党员对学业预警同学进行线上线下的学习监督和学业帮扶。二是,开展"三进"活动。党员进宿舍、进班级、进社团。关注学业上、生活上有困难学生的思想动态,从各个方面帮助他们走出困境,顺利完成学业。党员们"面对面"沟通,"心贴心"服务,使旷课、迟到早退、不按时按规定完成作业、作息不规律、沉迷网络等现象越来越少。

（二）打造"主题教育先锋岗"

1.开展形式灵活多样，内容丰富多彩的主题党日活动

一是，活动形式多样化。带领全院开展"政治引领，党课先行"活动、"全国大学生党史知识竞答大赛""悼念袁隆平院士"，去米沙子养老院进行"三下乡"党日活动，开展读书汇报会、专题读书班、交流研讨等活动。二是，活动内容具体化。学生通过研读《习近平的知青岁月》《平易近人——习近平的语言力量》《习近平讲故事》《建军大业》等书籍，将各自的学习收获和心得体会以生动鲜活的节目形式进行交流；开展"学党史知识，迎建党百年""一起向未来，冬奥知识赛""以微力量，汇大能量""疫情防控、争当先锋"等灵活多样的党建活动加强党支部建设。

2.认真贯彻落实主题教育

一是，加强党员教育，注重政治建设。组织观看红色电影《金刚川》《榜样6》《中国医生》，通过观看红色影片学生干部们纷纷表示心灵受到强烈的震撼，被革命先辈无私奉献、勇于牺牲的革命精神所感动，进一步坚定了理想信念，在今后的工作学习中，将继承和发扬革命精神、优良作风，做到学史明理、学史增信、学史崇德、学史力行。二是，搭建沟通桥梁，加强党员教育。支部书记不定期开展沟通交流，关注学生思想动态。在发展党员过程中进行谈话；在党员遇到各种困难时进行谈话，并及时给予帮助。定期组织党员及积极分子到革命纪念博物馆、劳工纪念馆等地进行实地爱国主义教育，以及到扶贫点下乡劳动走访等多种形式，进一步深化主题教育。

（三）打造"党团团结先锋岗"

发挥党员的凝聚力和战斗堡垒作用，推动社团成员的共同成长、和谐发展，引导社团成员主动向党组织靠拢。积极探索实践党建工作进社团，将学生党支部建设与机器人协会等学生社团建设有机结合，把学生党员在社团活动中的教育作为学生党支部教育的延伸和补充，策划组织以机器人协会为依托的社团常态化小家电义务维修、电子科技知识培训、"三下乡"暑期社会实践等服务活动，为学生党员提供更多的实践锻炼机会，让学生在实践锻炼中不断成长，培养其服务群众、服务社会的良好意识。在培训活动中，优秀党员不断涌现，这对广大同学特别是学生干部骨干起到了潜移默化的作用，极大地增强了党支部先进性的影响力。

（四）打造"贴近生活先锋岗"

1.打造寝室服务"先锋服务"岗

开展系列"党员先锋"特色活动，充分发挥基层党组织的服务作用，以党员带领实行三级管理措施：寝室长—楼层长—楼长。层层递进，保证了工作的正确性和效率性。做好工作的值班，严格按照值班表，确保当学生有需要时能及时进行帮扶；工作党员协助楼长、协助老师来维护学校的学习和生活秩序；积极帮助解决群众困

难，进行一对一服务，增强同学对党的信心，对党员的信任；协助做好入党积极分子、培养对象在公寓里的培养考察工作。

2.设立"党员工作组"

及时了解、听取普通学生的意见和诉求，从学业帮扶、科研指导、就业咨询、心理疏导等方面，党员按照立项式任务组成团队，将解决思想问题和解决实际问题相结合，为学生的学习、生活、成长助力。

六、活动实施的技术路线图

一是思想提升，打造学习型党组织。抓理论强素质，筑牢思想阵地，丰富党建活动载体，系统化学习教育，让党员理论学习逐渐形成体系。

二是强化制度，建设规范型支部，完成规范化组织管理、数据化监督考评，创新形式助推民主评议党员制度有效实施。推动党建与立德树人工作相互结合、有机融入，突显党支部政治思想引领作用。

三是打造岗位，推进先锋服务工作。以思想政治教育为着力点，发挥党员先锋模范作用，带动青年学生热爱祖国、热爱奉献、热爱生命，深化青年学生思想认识。

七、保障措施

（一）配套政策

依托《中国共产党支部工作条例（试行）》，电气与信息工程学院学生第一支部学习制度，"三会一课"制度，主题党日、组织生活会、民主评议会、谈心谈话、按期交纳党费等基本制度，利用"e支部"，电闪信动，党统筹党建工作平台加强对党员各方面的统一管理的同时继续加强"党建+"工作制度落实。实行党建工作与学生工作同布置、同调度、同落实。丰富党建工作内容、活化形式载体，推动学生党支部政策从"有形覆盖"向"有效覆盖"转变。

（二）资源投入

做好党支部书记培养培训及支委班子建设工作，建立后备人才长效培养机制。大力实施"阵地保障工程"，进一步加强党员公寓工作建设，为支部志愿服务品牌工作提供平台，为"先锋服务岗"建设提供全面保障。加强党建信息化网络化平台等条件建设，进一步加强智慧党建建设。

（三）软硬件设施

党支部工作有计划、有目标、有措施、有落实、有检查、有考核。完善工作痕迹资料管理制度，文档类、名册类、记录类、党建活动资料类，做好记录工作。党支部活动室基础设施完善，悬挂党旗、工作桌椅、电教设备、制度职责、学习资料、学习园地、公开栏等。

（四）经费支持

学校党委留存党费按比例拨付学院党委、党支部使用；明确核定党支部工作和活动经费标准并列入年度党建经费预算。学校在原有拨付党建经费、党费的基础上，给以一定的经费支持。

八、总结活动经验与启示

（一）把服务学生生活学习摆在首位

在学生支部建设中，要坚持务实精神，坚守理想信念，真正做到为学生办实事、办好事。不仅要重视学生生活学习中物质方面的服务，还应重视精神层面的帮助。借助各种渠道加深对学生的了解，尤其是学生生活学习中的真实需求，进而使服务落实到学生的实际需求上，把学生管理服务工作落到实处，使学生党支部真正成为学生成长的引路人。

（二）强化党员示范引领

教育引导支部党员在学习、工作和生活中亮出党员身份，立起先进标尺，树立先锋形象。通过制订定期的党员服务满意度测评调研，进行数据化考评优秀党员，定期开展组织生活会，加强批评与自我批评，反思工作不足改进完善存在问题。

第三章
学生工作品牌的发展策略

第一节
打造学生工作品牌知名度

学生工作品牌在社会领域的知名度是品牌建设工作追求的重要目标,因此,除了在校内领域扎实做好学生管理、学生活动等工作,还需要注重学生工作与企业等社会主体的联系,以及社会层面的学生工作品牌宣传。通过组织活动、媒介宣传等手段,将学校的办学理念、品牌定位、教学特色、学生就业等方面的成就推广出去,在社会上塑造良好的学校形象和学生工作品牌。另外,这样做也能够让学校师生对本校学生工作品牌建设具有更多地了解和认同,更加积极地参与到品牌建设中。具体来说,打造学生工作品牌知名度可以从以下几个方面入手(图3-1)。社会越成熟,品牌效应越

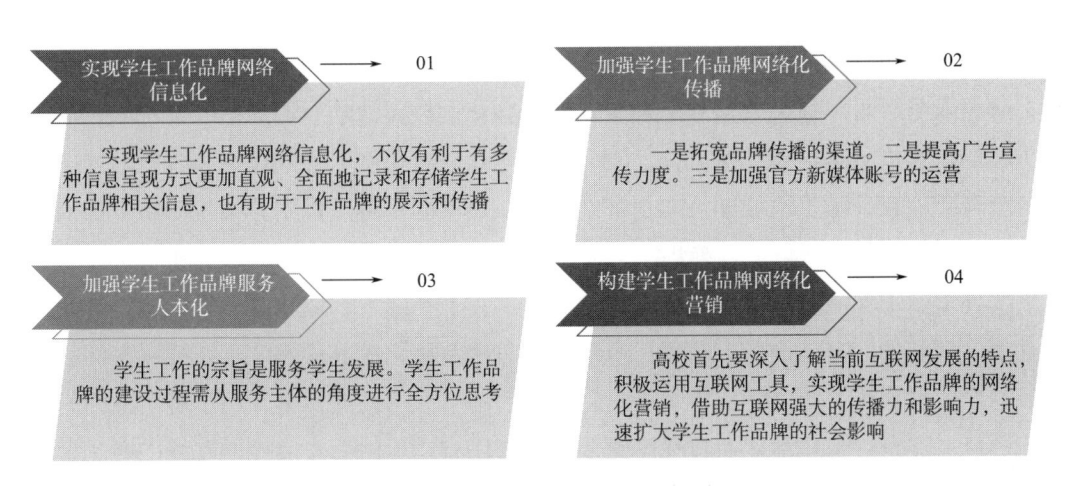

01 实现学生工作品牌网络信息化	02 加强学生工作品牌网络化传播
实现学生工作品牌网络信息化,不仅有利于有多种信息呈现方式更加直观、全面地记录和存储学生工作品牌相关信息,也有助于工作品牌的展示和传播	一是拓宽品牌传播的渠道。二是提高广告宣传力度。三是加强官方新媒体账号的运营
03 加强学生工作品牌服务人本化	04 构建学生工作品牌网络化营销
学生工作的宗旨是服务学生发展。学生工作品牌的建设过程需从服务主体的角度进行全方位思考	高校首先要深入了解当前互联网发展的特点,积极运用互联网工具,实现学生工作品牌的网络化营销,借助互联网强大的传播力和影响力,迅速扩大学生工作品牌的社会影响

图3-1 如何打造学生工作品牌知名度

明显。随着中国教育供给方式的日趋多元化和家长对学校选择性的增加，教育品牌的竞争力已不容忽视。市场条件下，品牌已经成为学校赢得家长和求得生存与发展的关键。在这种情况下，学校必须树立品牌意识并认真审视其品牌管理策略。

一、实现学生工作品牌网络信息化

学生工作是高校教育管理的重要环节，要把立德树人融入思想道德教育、文化知识教育、社会实践教育各环节，贯穿基础教育、职业教育、高等教育各领域，学科体系、教学体系、教材体系、管理体系要围绕这个目标来设计，教师要围绕这个目标来教，学生要围绕这个目标来学。高等教育要以立德树人为根本任务，应重视教育管理体系的改革。在国家层面，信息化建设一直是高校管理育人质量提升的重要方向之一。教育部近日发布的《关于加强新时代教育管理信息化工作的通知》，突出了数据驱动、协同治理、主动服务等前沿关键词，进一步指明了未来发展方向。信息化工作的着力点在于解决现实困境，而高校学生工作在信息化过程中的困境主要体现在：学生数据庞大且碎片化，存在信息孤岛；数据缺乏统一性、规范性；系统分散、模型不统一、完善度低；工作人员专业能力不一，流动性比较大等。具有处理复杂化、数据难共享、工作难协同等特点，因此，只有进一步汇总相关信息，才能更好地管理数据、使用数据。

在如今的信息化社会，无论是信息的存档，还是信息的展示，都已经在很大程度上颠覆了以往纸质化信息存储的方式，实现学生工作品牌网络信息化，不仅有利于有多种信息呈现方式更加直观、全面地记录和存储学生工作品牌相关信息，也有助于工作品牌的展示和传播。一般来说，目前常用的信息网络展示和传播方式包括学校网站、微博、微信公众号等。这些信息展示平台所面向的受众涉及社会的各个领域，如教师、学生、家长、媒体、政府、用人单位、社会组织等，这些群体可以通过相关平台接触到高校学生工作品牌的信息，增进对高校学生工作品牌的深入了解。比如，家长可以通过学校官方网站或公众号等平台知晓学校学生工作的情况，在学校组织家校合作活动的时候，更好地与学校合作，形成合力，共同打造学生工作品牌精品项目；学生关注本校的学生工作品牌公众号，可以通过公众号定期发布的内容获得校园活动、心理健康、求职技巧等各方面的信息，了解学校学生工作的动态，也能在一定程度上受到思想和技能培养。这样的公开化使在校学生也能够反向了解学校，在这样的了解过程中，学生对学校的归属感乃至学生工作品牌皆呈上升趋势。

实现学生工作品牌网络信息化是为学生提供一个在线平台或工具，帮助他们有效地构建、管理和推广自己的个人品牌。这个过程包括数字化的品牌建设、在线存在的管理以及与职业发展相关的资源。学生可以创建自己的个人网站或博客，用于展示他们的学习、项目、文章、作品和职业目标。这个网站可以充当他们个人品牌的在线中心。学生应审查并优化他们在社交媒体平台上的资料，以确保它们与个人品牌一致。他们可以使用专业的头像、简介、个人资料图片等。学生可以加入与其所学专业相关的专业社交媒体平台，积极参与讨论、发布有价值的内容，并与行业专家互动。学生可以在他们的个人网站上或专业社交媒体上展示他们的项目、作品和成就。这些作品可以是文章、演示文稿、设计作品、开发项目等。学生应制订一个明智的内容战略，确定他们要分享的内容类型、频率和目标受众，这有助于保持一致的在线声誉。学生可以参加在线课程和培训，以不断提高他们的技能和知识，以及将这些经验添加到他们的个人品牌中。学生可以积极参与线上和线下的专业网络活动，与同行、导师和行业专家建立联系。这可以通过专业社交媒体、网络研讨会、行业会议等途径实现。学生应定期监测他们的在线品牌声誉，回应评论和反馈，并根据需要进行改进。他们可以使用在线工具和分析来跟踪他们的在线存在。学生可以学习数字营销和搜索引擎优化（SEO）的基本原则，以确保他们的个人品牌在搜索引擎中排名靠前，并为自己的内容吸引更多的观众。随着职业发展的进展和个人成就的增加，学生应不断更新他们的个人品牌资料，确保它们反映最新的信息和成就。

【案例："数智青年"网络思政特色品牌活动】

数据科学与人工智能学院（以下简称数智学院）打造了"数智青年"网络思政一体化平台，以习近平新时代中国特色社会主义思想为指导，以全面实施"时代新人铸魂工程"为牵引，以"三全育人"为目标，以"五爱"教育为具体实施路径，依托"易班"平台教育资源，着力构建高校思想政治工作新生态，打造具有工师特色的网络思政一体化平台（图3-2）。该平台坚持"以生为本，引导为先，服务为纲，育人为体"的工作理念，筑阵地、增给养、重引导、强队伍，结合数智学院办学特色和专业特点（师范性、应用性、网络化、数字化）和现有的思政教育团队，构建起全方位、多层次、立体化的"2+4+4"融媒体育人体系；按照"吸引—展

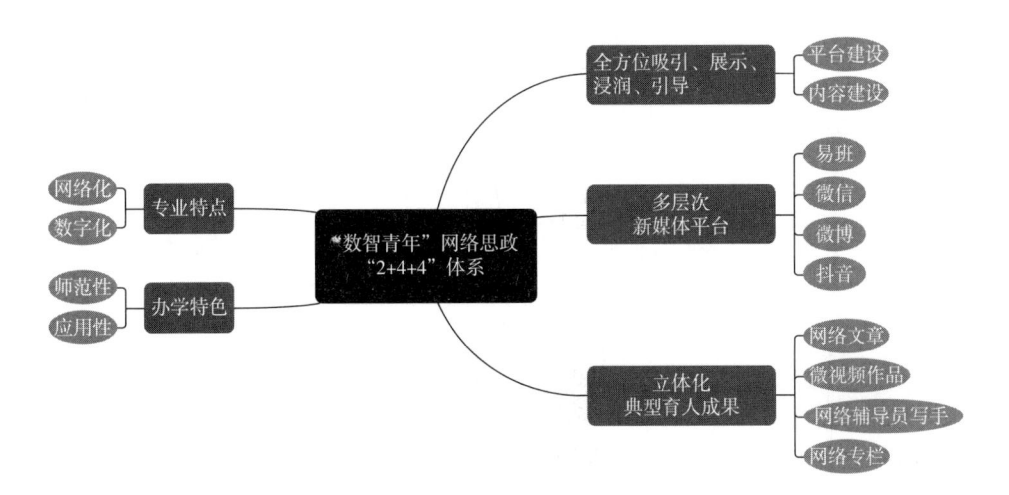

图3-2 "数智青年"网络思政"2+4+4"体系

示—浸润—引导"的育人思维，围绕平台建设和内容建设，通过手机端或计算机端的云路径及校园内数字化屏幕的硬路径，加强四个新媒体平台——易班、微信、微博、抖音的创新，培育4批典型育人成果——网络文章、微视频作品、网络辅导员写手、网络专栏，使学校的思想政治教育从网络"弱声"到"强声"，让主旋律教育亲和入心，全方位满足学生多元化成长的需要。

网络育人平台体系建设适应了新时代高校立德树人的新形势，符合"00后"大学生的特点，能够加强师生间、学生间的互动交流，及时有效地解决学生的学习、生活实际问题，有助于解决学生的思想问题，丰富思政教育形式，增强立德树人的实效性，对大学生思想价值观形成产生重要影响力。一系列形象丰满、颇具正能量的数智人物和数智故事，通过线上手机电脑端及线下的数字化屏幕端走进学生视野。

在"易班"平台线上开设思政教育、红色教育、学风建设、心理咨询、专业技能、励志故事、校园文化、学生管理、辅导员科研等专题板块；利用现有办公条件（如公共教学楼）线下建设集理论研究、平台管理、作品编辑、指导培训等功能的平台工作室。依托线上展示媒介及线下实体空间，引入校内外相关资源，将人力资源、学科资源、教学资源、科研资源等嵌入工作室建设中，优化网络思想政治教育的实施路径。

平台当前依托"五爱"教育工程加强专题内容策划，以捕捉学生关注热点、增强文章可读性和作品可看性、扩大受众群体覆盖面为改进手段，充分挖掘学生群体自身的相关素材，结合知识传播、理论宣讲、事例展示、参赛评比等方式，大力推进中国特色社会主义核心价值观等理想信念教育，充分体现内容先进性与实效性。同时在重要节日、纪念日、重大事件等关键节点，策划有代表性的专题系列，注重"线上""线下"相结合，使网上发声与线下活动统一、准确合理，发挥网络思想教育的正面引导功能。

高度重视网络思政一体化平台建设，将平台建设作为学院思想政治教育和辅导员队伍建设的重要载体；实行主持人负责制，设置综合事务组、平台运营组、理论研究组；组建平台工作室骨干队伍，组织工作室成员参与校内外培训，推进工作室成员相互学习，积极进取，共同发展；与党委学工部"易班"发展中心共建网络思政平台，以"数智青年"为先行试验田，搭建资源共享框架，共同推进工师网络思政工作迈向新高度、新台阶。实现学生工作品牌网络信息化需要时间和努力，但它可以在学生的职业发展中产生重要的影响，增加就业机会和职业成功的可能性。因此，学生应该将这些策略融入他们的日常职业发展计划中。

互联网的开放性和多样性在一定程度上满足了学生管理工作的需求，高校管理人员可以借助新闻、网络平台及新媒体技术工具，对于其他高校或行业表现好的做法进行学习，通过网络信息的对称性，可以更好地了解学生的精神思想，找出学生管理工作中存在的疏漏，制订有针对性的解决方案，从而提高高校学生的管理工作质量。

（一）建立完善的信息化管理系统

学生的信息管理工作应以大数据技术为基础，针对学生的客观需求，获取关键信息，并且有目的地进行信息化管理工作。为了促进高校学生管理工作信息化建设的稳定发展，应当以顶层设计的基本原则为基础，以建设计划和设施投资为统一标准，以学生综合管理体系为主要宗旨，对不同学生的需求和特点进行深入思考，持续加强学生管理信息化建设工作的能力。对学生信息化建设工作的常规性问题深入了解，防止部分数据信息被遗漏的情况发生，提升学生管理信息化建设工作的质量。要创设有关学生信息的大数据平台，提高学生的思想政治水平以及自我管理能力，提高信息的敏感性，将教育模式由粗放型转变为细致型。学生管理系统的主要功能包括动态信息管理等方面。在学生事务管理方面，可以直接在网上解决学生的请假和假期离校问题，系统审核通过后可以直接进入学生库，网上问卷调查、图片编辑等也能进入网络流程审判，按照信息的内容分类并进行主题评选，还可以对结果进行实时在线查询。

（二）提高管理人员的信息化素养

即使具备高尚的职业准则也不能成为评判是否能胜任高校管理工作的依据，相关的专业技能才是教学管理工作的基础保障。不同的管理模式匹配不同的教学内容，教师只有具备充盈的信息技术知识，才能熟练掌握现代化的信息技术管理。一般情况下，信息技术是持续不断更新换代的，高校的相关管理人员以及教师要想跟得上现代化的信息技术发展，就要始终保持学习的态度，积极参加学校组织的信息知识培训，要主动地为教师创造学习信息化管理软件的机会，使他们不断地更新自身对于信息数据的理解。高校还可以通过邀请相关的教学管理系统的企业派遣有经验的技术人员进行操作步骤指导，以此加强学生管理人员相关的信息教学工作能力。

（三）加强资源的整合与应用

由于高校学生信息管理领域资源匮乏，有关人员采取相应的完善机制，及时吸收其他学校的优质资源。要开展一系列的外部整合工作，以便最大限度地利用资源，营造良好的工作环境，加强技术资金方面的支持，提升信息管理水平和效率。对于高校学生的信息化管理工作而言，管理人员一定要将眼光放得长远，并且在思想上保持敏锐的洞察力和预见性，才能通过拓宽信息渠道，实现学生的个性化目标，改变当前高校信息化管理中的信息遗漏问题。把社会中方方面面的关键信息引入管理系统，构建出非常全面的数据服务制度，实现资源共享，不仅能方便学生使用，还可以为学生提供全面的指导。

如在专业设置和就业指导方向上，在学生入学前就要引进信息，建立有目的的创新教育化管理工作，学生毕业后，为其提供就业、创业方面的机会。

（四）加强师资管理队伍建设

高等教育管理信息化建设不断加快，对教育管理工作的人员要求也逐步提高。为加快我国信息管理平台建设，应加强教育管理人才的综合素质教育，在一定程度上培养高素质的教育管理人才。另外，在提高管理人员的工作积极性的同时，还应采取相应的激励措施，在一定程度上为管理人员提供良好的教育管理工作环境。从当前高校学生的信息化管理工作状态来看，这其中还存在诸多的问题，例如，大数据使用场景有限，不能均匀地分配数据资源，以及对数据的保存工作不全面等。因此，要加强对管理人员信息教育的培训工作，建立全面的数据分析和收集机制，有针对性地实施管理工作。要想为大学生信息管理工作的开展打下坚实的基础，就必须将全面落实信息化管理工作的观念深入到师生的内心深处。

二、加强学生工作品牌网络化传播

虽然当前大多数高校都开启了各具特色的学生工作品牌建设，但是很多高校在品牌传播方面的工作还不够充分，影响了高校学生工作品牌社会知名度的提升。通过调查发现，高校学生工作品牌传播力度不足的原因主要包括两个方面，一是高校在媒体宣传方面持有保守态度，二是品牌传播的人力、财力等方面的资源不够充分。

（一）拓宽品牌传播的渠道

虽然很多高校的品牌传播资源有限，但通过加大品牌传播力度来实现学生工作品牌知名度的提升是不可忽视的问题。所以，可以在现有资源的基础上，考虑应该如何拓宽品牌传播的渠道。举例来说，可以充分利用学校教师和学生进行口碑宣传。虽然口口相传这种品牌宣传手段比较传统，如果能够充分利用，他们所发挥的作用也是不容小觑。校友对培养自己成长的学校都有较深的了解和感情，用他们的影响力来推进学校学生工作品牌，一般能够产生较好的效果。又如，可以通过策划学术论坛、专题活动等方式宣传本校的学生工作品牌，可以在同类高校或相关专家群体中塑造学校学生工作品牌建设的良好形象，达到品牌宣传的作用。再如，高校可以开展公益性的思想教育公开课、求职知识讲座等活动，分享本校在相关方面的成就和经验，在服务他人的同时也有助于树立学校的品牌形象，实现品牌的传播。

（二）提高广告宣传力度

选择有效的校园内外品牌传播推广载体，是学生工作品牌传播推广的重要保障。传播载体可大致分为学生工作品牌参与者、学生工作品牌活动及学生工作品牌产品三类。学生工作品牌参与者包含了学生工作品牌建设者及受众。在学生工作品牌传播的过程中，注重参与者的主观宣传因素，发挥口碑宣传的影响力。而品牌活动本身也是相关宣传素材产生的重要源泉，可通过新闻载体对活动进行大众化报道，利用现代数字媒体技术，对学生工作品牌活动进行视频、Flash动画、文字、图片等写实性记录。学生工作品牌产品包括：学生工作品牌阶段性成果汇编材料、学生工作品牌标志纪念品、学生工作品牌记录微电影等。学生工作品牌产品是可移动的、到达率较高的品牌宣传载体。将学生工作品牌产品与学生工作品牌参与者载体及学生工作品牌活动载体进行有机结合，可以更好地形成品牌传播的多向合力。

（三）加强官方新媒体账号的运营

高校也可以充分利用当前各种新媒体资源，打造和运营官方账号，通过更灵活有趣的方式宣传学生工作品牌。需要注意的是，虽然当前新媒体宣传具有巨大的优势，但网络环境复杂多变，网络信息传播也存在一定的弊端，采取新媒体手段宣传学生工作品牌要注意宣传话题、展示方式，以及注意新媒体平台的监管制度等，安全有效地利用新媒体资源。

三、加强学生工作品牌服务人本化

学生工作的宗旨是服务学生发展。学生工作品牌的建设过程需从服务主体的角度进行全方位思考。思学生之所想，考学生之所需，准确把握学生的思想动态，增强学生工作的临机应变能力。项目的遴选也要符合学生的专业实际，根据专业特色开展支撑项目的特色品牌活动，将专业教师吸引到高校思想政治教育工作中来，发挥专业教师思政育人的效果。品牌项目的开展还要贴近学生的实际生活，让广大学生自发地参与到品牌项目的建设中去，在活动中接受思想政治教育，在过程中提升自身的政治素养。牢牢掌控学生的思想主动权。高校学生工作的品牌化建设，不仅要在定位、运行机制等方面借鉴商品或劳务的品牌化建设经验，还应该在具体的学生工作学习商业品牌的服务思维。学生工作主要面向的是广大学生，以人为本、为学生服务，应该是学生工作最基本的"服务理念"。因此，学生工作品牌建设要坚持服务意识和服务精神，想学生之所想，急学生之所急，从细处着手，把学生工作真正落到实处。具体来说，策划组织受学生欢迎的活动，采用适合学生发展为学生所接受的思想教育方式，指导学生准确把握自己的就业期望值，帮助学生调整求职心理，为学生提供就业形势分析、政策解读等，让学生工作更加贴近学生的学习和生活，更加符合学生的成长需求，让学生切实体会到学校和教师的关心与爱护，提高学生对学校学生工作的满意度，增强学生对学校的认同感、归属感。

从社会层面上看，高校要强化自己的社会责任意识。高校学生工作品牌要对自己提供服务的能力进行客观评估，对学生工作品牌建设和学校整体在承担社会责任、发挥社会作用方面进行综合考量，促使高校利用有限的资源发挥更大的社会效用，提升高校在社会领域的适应力和竞争力。因此，高校学生工作在为在校学生提供高质量、全方位服务，获得学生对高校服务水平、竞争能力等方面认同的同时，在社会层面上，也因为社会提供了高质量的人才、为用人单位提供优质服务等，而获得社会影响力和口碑，从而实现建设高质量学生工作品牌的目标。

四、构建学生工作品牌网络化营销

"网络化营销"既指利用互联网进行学生工作品牌营销，又指构建形式多样、面向不同主体的营销网络，实现网络化营销。

在利用互联网进行学生工作品牌营销方面，首先要深入了解当前互联网发展的特点，积极运用互联网工具，实现学生工作品牌的网络化营销，借助互联网强大的传播力和影响力，迅速扩大学生工作品牌的社会影响力。基于商业品牌传播的理论，学生工作品牌在推广传播的途径上可从受众的需求出发，依托校内外主流媒体及自媒体进行宣传，利用学生工作品牌活动、社会公益活动、公共关系等人际推广形式，协调学院、学校与社会各方的关系，建立优势互补的学生工作品牌推广传播途径。在新闻报道营造的大氛围下，学生工作品牌广告对于学生工作品牌的推广具有持续影响的效果。学生工作品牌广告相较其他品牌广告的优势在于其产生于校园大环境之中。这种天生优势可以融学生工作品牌于相关校园文化活动中，在原有校园受众的基础上，利用校园文化活动的集群特性进行学生工作品牌广告的推广。学生工作品牌建设团队可建立学生工作品牌自媒体平台，进行品牌自我宣传。通过编辑更易于青年学生接受的微信、微博软文，发动学生智能终端间的推广传播，向目标受众进行品牌传递，增添学生工作品牌与受众间的接触点，扩大学生工作品牌的持续影响力。

在构建营销网络方面，高校应该注重与政府、社会公众、媒介、企事业单位、学生等各种主体之间关系的建立，发展互助合作关系，使双方在追求共同利益和目标的同时，促进本校学生工作品牌的传播。首先，高校要关注政府有关部门的相关需求，处理好与政府之间的关系。学生工作品牌竞争力的提高离不开政府的扶持和帮助。其次，高校应该与当地知名企业等用人单位保持密切沟通和交流。再次，高校要与各种媒体机构积极建立联系，善于利用媒体资源为自己的学生工作品牌进行宣传推广，获得社会和媒体的认同，提升品牌知名度。最后，学校还应该注重学校内部关系营销，将关系营销纳入品牌管理工作中，关注学校品牌活动与学生、家长之间的关系。

第二节
提升学生工作品牌竞争力

提升学生工作品牌竞争力，可以从推进资源共享、保持系统推进、营造争先创优的环境氛围和精神追求等方面着手（图3-3）。学生工作要突破平庸，需要在繁杂的工作中找到自身的优势和亮点。学校需要从历史积淀、专业特色、学生特点、队伍素质等实际情况出发，以开阔的视野全面、深刻地进行审视和分析，挖掘、利用最有利的优势，创建品牌，打造核心竞争力。这需要学生工作始终坚持以习近平新时代中国特色社会主义思想为指导，以育人为主线，以培养具有创新精神和实践能力的人才为目标，坚持以服务大局与服务青年相统一，加强思想建设，组织建设，树立育人意识，服务意识，创新意识，求真务实，不断探索，积极主动地做好学生各项工作。

A 以开放包容态度，推进学生工作品牌资源共享

B 坚持开拓创新，系统推进学生工作品牌建设

C 坚持求真务实，营造争先创优、敬业奉献的氛围

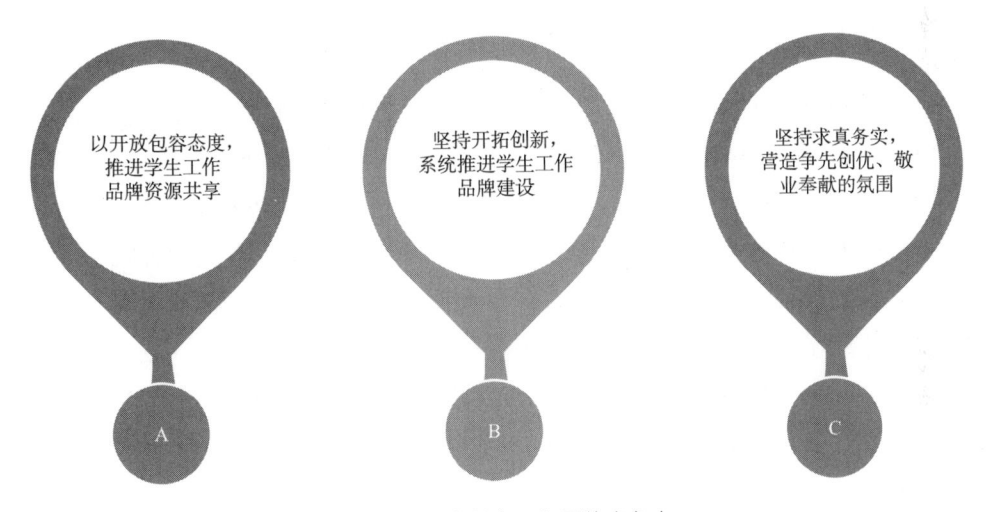

图3-3 提升学生工作品牌竞争力

一、开放包容态度，推进品牌资源共享

学生工作品牌建设不是闭门造车，而是要时刻关注行业发展动态和社会需求。因此，要注意保持开放包容的态度，实现高校资源的社会共享。通过运用各种宣传方式，营造良好的就业和竞争氛围，以良性竞争环境来激励学生工作的不断优化，提升学生就业竞争力。开放包容是品牌文化的理念，不断运用宣传载体，营造良好的就业与竞争氛围、提升学生整体就业竞争力。通过积极参与、敢于竞争、善于合作、共享共赢等理念来营造积极的发展氛围，树立积极向上的就业理念，从而引导和鼓励学生，通过参与活动，实现个人综合素质和竞争力的提升与发展。可以通过建立健全学生工作品牌活动数

据库，为学生提供丰富的活动机会、就业岗位信息、就业创业信息、就业指导信息等，实现学生工作信息、资源的在校学生全覆盖，切实提高学生工作的实效性，真正达到想学生之所想，急学生之所急，全力为学生服务。

二、坚持开拓创新，推进品牌建设

坚持开拓创新是品牌建设和品牌发展的源头活水，因此，高校应该从重点关注学生的需求出发，不断丰富、创新学生工作。在毕业生就业创业服务方面，以学生需求为出发点，致力解决毕业生就业问题，不断帮助毕业生优化就业环境，尽可能地利用和联合各方资源，为他们创造良好的就业条件，在毕业生的就业内容、就业形势等方面多做创新的尝试，以及创建就业基地等，科学构架促进就业工作体系的新局面。同时，学校应该注重从战略的高度审视和解决就业问题，建立品牌活动组织领导体系，坚持以品牌活动促进和带动就业，以政策优化保障就业，以社会协同落实就业，以校企合作推进就业，从而构建适合高校学生品牌建设的就业行为准则和就业运行机制。

三、坚持求真务实，营造争先创优氛围

学生工作应坚持求真务实，尊重学生成长规律，遵循品牌运行机制，建立统一、开放、竞争、有序的管理制度，在学校范围内营造争先创优、敬业奉献的品牌建设氛围。无论是教师、学生还是相关工作人员，都将做好本职工作、提高校园活动、就业创业服务等学生工作相关内容作为一种追求目标。在这种校园氛围和品牌建设机制下，推动学生工作品牌建设全面、持续、稳健地开展。以学生就业创业服务为例，教师和相关工作人员在遵循品牌运行机制的前提下，努力促进学生就业范围的扩大，深入推进统筹就业，帮助"双困"学生就业，从而逐步形成促进学生就业的长效机制；培养就业竞争力较高的求职队伍，深入开展品牌活动的宣传，激励学生争先准备就业，全体关注就业，创优实现就业。

【案例：学风建设特色品牌活动】

生物与食品工程学院开展了探索师生协同学习模式下的学风建设新途径。生物与食品工程学院在开展学生工作中，始终坚持"以学生为中心，以学习为主线"的理念，加强理想信念教育、学涯规划教育、适应融入教育、专业思想教育、学风学纪教育。进一步加强学风建设，强化以赛练技、以奖促学，特别注重考研组织动员、考研专业辅导等方面的工作，推动学风建设再上新台阶，提升学生就业质量。陆续开展酒标设计大赛、茶艺茶点活动、粉笔字书写比赛、演讲比赛、唱红歌比赛等。从多维度培养学生综合素质和能力，引导学生成为德智体美劳全面发展的社会主义事业建设者和接班人。

1.加强学生管理,建好队伍。抓好辅导员管理队伍和学生干部队伍建设,统一思想抓好学风,注重抓典型树榜样,以榜样力量感染其他普通同学。充分利用新媒体平台,建立形式功能多样化的学习研讨小组,并由优秀学生干部统一管理。

2.抓好学生党支部建设,发扬学生党员的模范带头作用

生物与食品工程学院正在实施的"党建+创服务,打造党员先锋引领工程"项目,该学生党支部秉持以学生为本,以德育为主导的工作理念,大力创新"党建+促服务"工作机制,打造"党建+促服务"特色品牌,树立了新时代学生党支部建设工作"风向标"。以"信息流通先锋岗""主题教育先锋岗""党团团结先锋岗""贴近生活先锋岗"四项举措为抓手,丰富党建活动载体,筑牢学习型阵地,突显党支部政治思想引领作用。始终坚持特色融合,创建"特色、融合、有效"的党建工作品牌的特色引领发展机制。切实发挥党支部主体作用,以党支部为基本单位,形成学生党建工作常态化长效机制(图3-4)。开展党员先锋引领工程,一是进一步强化党员实践能力,帮助青年学生了解党的初心使命,带动青年学生热爱祖国、热爱奉献,发挥先锋示范、中流砥柱的作用。二是引领实践服务,构建育人环境。通过党建和实践服务活动不断增强学生党员的家国情怀、社会责任和担当精神,不断提高创新能力和实践能力。

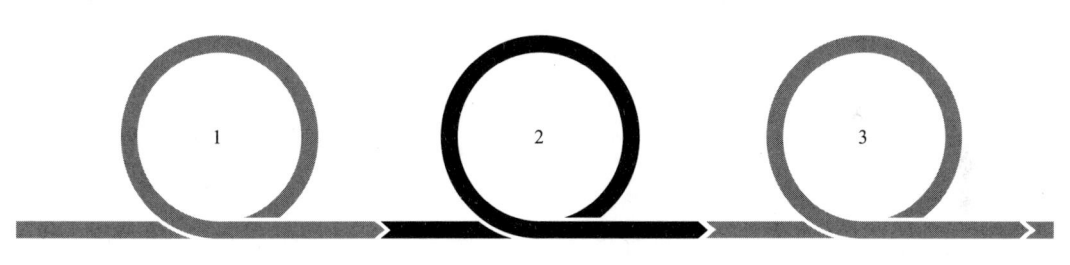

1	2	3
思想提升,打造学习型党组织	强化制度,建设规范型支部	打造岗位,推进先锋服务工作

图3-4 提升学生工作品牌方法

3.推进社团组织建设,开展有利于促进学风建设的校园文化活动

生物与食品工程学院开设的以"'五育'并举助成长,'三全'育人担使命"为主题的学生第二课堂系列实践活动。此活动为落实"三全育人,五育并举"全面发展要求,聚焦质量、课堂、队伍和管理,努力提高育人质量,为学生终身发展奠基,培养德智体美劳全面发展的社会主义建设者和接班人,开展大学生"第二课堂"活动,有利于学生全面发展,通过实践活动增长才干,提高专业知识水平,培养学生与人相处、与人合作的能力,提高学生综合素质、引导学生适应社会、促进学生成才就业。此活动依托大学生饮食健康管理协会、精酿实践协会、大学生科技化学协会三个专业社团,以及阳光青年志愿者协会和学生文体协会两个文体社

团，通过举办社团活动，可以发挥专业知识作用，将专业理论知识联系到生活实践当中，同时也是高校思想政治工作的主要手段，提高学生综合素质的重要途径（图3-5）。

> 以各社团作为支撑，围绕"三全育人""五育并举"相关要求，开展社团活动，学生社团活动作为院校第二课堂的重要载体，进一步发挥其积极作用。做到活动目标具有导向性，活动内容具有广泛性，活动形式具有灵活性。加强第二课堂建设，使社团在丰富校园文化、提高学生素质发展，提高学生专业知识水平等方面发挥着巨大作用。充分利用好学生社团的引导性作用，利用好学生社团在思想政治教育、志愿服务、社会实践、课外科技创新等方面，发挥其在第二课堂建设中的作用

图3-5 学生社团活动作用

实践证明，该活动不仅能使学生全面提高综合素质、在多方面得到锻炼，还能使学生的精神生活得到升华。课外活动是素质教育不可或缺的一部分，其丰富多彩的内容有助于提高学生的组织能力，并通过相互合作培养集体主义精神。第二课堂活动作为第一课堂学习的延伸和补充，具有广泛、深刻和生动的教育效能。它能够丰富学生的精神生活，陶冶情操，使学生学到多种新鲜知识，有助于培养兴趣和爱好，并发展学生的智能。学校充分利用学生的课余时间，开展了内容丰富、形式多样的第二课堂活动。实践证明，经过第二课堂活动的训练和培养，学生的思想觉悟得到提高，个性特长得到发展，知识面得到拓宽，动手能力也得到提高。这些活动与第一课堂教学相得益彰，共同促进了学生的全面发展和成长。

此外，生物与食品工程学院围绕学校"五爱"教育工程，发挥学院学科特色，依托学生组织力量，发挥"第二课堂"载体作用，整合多种互联网科技发展下的新型活动育人方式，构建依托专业特色优势的"社团+"活动育人模式，助力学生成长成才、全面发展，举办"找寻青春意艺"社团巡演系列活动。该活动深挖学校"五爱"教育内涵，发挥学院学科特色，充分激活学生组织生命力，提升学生专业自信；在展示专业技能的基础上展示学生风采，在潜移默化中实现活动育人，在喜闻乐见的文化活动中夯实育人实效性，更好地助力学生成长成才、全面发展。其中，"找寻青春意艺"社团巡演系列活动是面向新时代青年学生的重要育人措施，在推动学院思想政治工作创新、完善学生发展服务体系和培养大学生综合素质等方面具有重要作用。此活动的开展有利于总结主要做法和成功经验，形成学院精品活动品牌；有利于激发学生学习热情，助力第一课堂建设；有利于学生在实践中解读学校"五爱"教育理念，弘扬主旋律、传播正能量。

4.完善"育人"体系，管理制度化、规范化、精细化

一是发扬优良学风，要认真学习、以学生党支部作为依托，通过党课的形式，

从新生刚入学时就对其不断进行专业及学习目标的讲解及设定，针对不同学生让其设定适合自己的学习目标；在大二时坚持培养学习积极性，进行职业生涯规划，积极参加各项比赛和实践活动；在大三到大四阶段，为备考同学提供考研专业课的帮扶。通过构建考研新媒体平台，推进建设学习型党支部。拟构建一个能为考研的学生提供各类考研信息，比如考研公共课、专业课资源共享的百度网盘，以及建立师生共同线上自习室，为学生起到互相监督、互相帮助的作用，师生互勉共同进步。建立学院考研自习室，为学生提供一个安静的学习环境。由学生党员发挥考研学习政治中的先锋模范带头作用，潜移默化地影响学生不断端正学习态度，让学生之间养成相互监督、相互帮助、相互促进共同进步的良好学风。

二是建立"1+1+1"伴你成长，伴你行导师团队，针对学生的个性差异，因材施教，指导学生的思想、学习与生活。"1+1+1"导师制度即"人生导师+专业导师+企业导师"。人生导师：辅导员作为步入大学的第一位人生导师，通过"生涯规划第一课""新老生交流会"给大一学生心里种下考研、早就业的"种子"；利用职业生涯规划、形势政策等课程积极引导、充分动员，尽早帮学生树立正确的人生观，找到符合自身实际的目标定位。专业导师：从大一新生入学就开始实行导师制，对学生考研工作的重视从新生入校就开始，制订"早宣传""早组织""早结对"的"三早"政策。企业导师：同学在实习中，通过企业中富有经验的资深员工带领，尽快融入并让学生认识这份工作。"1+1+1"导师制度更好地贯彻全员育人、全过程育人、全方位育人的现代教育理念，更好地适应素质教育的要求和人才培养目标的转变。

三是鼓励学生参加各种学科竞赛。参加"互联网+"创新创业大赛以及"挑战杯"创新创业大赛、中华职教创新创业大赛等，鼓励学生跨专业、跨院校参赛，做到多领域合作共赢。在师能大赛方面使更多学生对教师技能有了新的认识，打破了传统的教学理念和教学方式，鼓励学生向创新型、实用型教学方向转型。举办独具特色的专业性活动，"食"分喜欢你之酒标大赛、面点制作大赛、食品安全知识竞赛。

第三节
优化学生工作品牌价值性

高校学生工作品牌建设应该以彰显品牌的价值为追求，科学合理地制定品牌优化策略，承担起高校培养人才和服务社会的双重责任。具体来说，优化学生工作品牌的价值性，主要从以下三个方面着手（图3-6）。

```
┌──────────┐      ┌──────────┐      ┌──────────┐
│坚持服务经济│      │ 制订品牌 │      │实现品牌精准│
│ 发展理念 │      │ 优化战略 │      │ 对接就业 │
└────A─────┘      └────B─────┘      └────C─────┘
```

图3-6　优化学生工作品牌价值

一、坚持服务经济发展理念

服务社会和经济的发展，是高校培养人才的根本任务。随着社会的发展和教育普及程度的不断提高，现代高等教育呈现出了大众化、普及化的特点，社会对人才的需求标准也不断提高。因此，高校人才培养的社会服务功能与经济、社会发展之间的关系越来越密切。所以，高校在学生工作品牌建设以及其他各方面工作中，都应该坚持发挥自己服务经济和社会发展的功能，切实肩负起人才培养、学术研究、社会服务、文化创新等职能，在各项实际工作中，遵循学生发展规律，坚持面向社会进步需求、面向学生需求、面向就业创业等准则，不断加强和优化人才培养模式，提升人才培养质量，肩负起应有的社会责任。

二、制订品牌优化战略

在学生工作品牌建立之初可能没有十分精确的发展目标，或者虽然有比较具体的目标，但是随着品牌建设的推进，可能会因为各种不确定因素而对发展目标作出调整。随着品牌建设的不断深入，品牌发展的长远目标会逐渐清晰。相应地，也需要建立更加精准的品牌优化战略，这样才能更加高效地集中资源和精力，去优化学生工作品牌，促进品牌活动有序健康发展。而高校人才培养的有序提升，也将对经济发展、人才进步做出积极贡献。从而将高校人才培养融入地方经济发展，实现创建高水平院校的目标，力争实现品牌活动有政策支持，有典型引领，有机制推动，有培训学习，有平台实践，有创业阵地，有指导服务，有社会反响的良好局面。

三、实现品牌精准对接就业

高校学生工作品牌对接学生就业，是实践培养的现实需要。学生工作品牌活动要不断提高有效性和针对性，以品牌特色为引领，打造精品项目品牌。积极主动适应新时代经济发展方式转变的要求，积极主动探索校企合作、校园招聘的新模式，不断强化高校在人才培养与人才使用之间的对接功能，积极主动加强学生在经济社会发展和人才队伍建设中的引领作用，以推进和服务地方经济发展为宗旨，深化校企合作，实现由学生工作品牌活动到就业的顺利转场，促进学生工作品牌价值性的提高。

第四节
构建学生工作品牌维护机制

高校在学生品牌维护方面的工作存在很多不足，具体表现为品牌管理制度不完善、品牌危机公关能力弱、品牌服务能力不足等，因此，高校有必要根据具体情况来完善学生工作品牌管理制度，加强品牌危机公关，提升品牌服务能力（图3-7）。

图3-7 构建学生品牌维护机制

一、完善品牌的管理制度

一方面，高校应该建立完善的学生工作品牌项目的立项和保护制度。品牌项目立项制度应该明确各种立项条件，如活动主题、开展周期、突出特点、竞争优势、发展前景、预期效果等，不仅有助于各个环节具体工作的开展，也有助于品牌项目的研发。另外，通过明确的规定和要求也可以对项目数量加以控制，避免校内同质化竞争和校内资源的浪费。还应该制订学生工作品牌的项目保护制度，形成各具特色的学生工作品牌，以营造良好的品牌建设环境。另一方面，在品牌保护方面，应该对品牌项目所依托的资金、场地、人员等进行管理或控制，对具有发展和竞争优势的品牌项目，应该给予更多的支持和保护，以助于培养品牌的核心竞争力。

二、加强品牌危机公关

高校要维护好自己学生工作品牌的发展，要时刻做好危机公关管理，时刻准备好应对突发状况，维护品牌形象。危机公关管理是高校学生工作品牌建设中不可或缺的重要内容，高校进行学生品牌建设，有必要设立专门的品牌管理部门或工作人员，从事品牌认定、推广、关系维护等工作，及时发现影响学生工作品牌声誉的情况，并尽快做出处理，尽量减少不利因素对学生工作品牌的影响。另外，要完善品牌危机公关管理制度，使品牌危机公关工作有制度可依，有流程可循，有专门人员可负责，为学生工作品牌建设提供坚实的后盾。

如果把高校学生工作品牌建设看作是修建一座高楼的话，品牌管理制度和危机公关就像这座高楼的设计图和外层装饰，品牌的服务能力才是这座高楼最重要的骨架和主体部分。高校学生工作承担着服务职能，并让它的消费者受益。一方面，它为在校学生提供思想教育、文化活动、就业创业等服务，让学生在高校获得更为全面的教育和培养，不断成长为符合社会需求的人才。另一方面，它为社会培养合格的人才，为用人单位在人才招聘等方面搭建桥梁，提供保障。提供这些服务是高校学生工作的重要价值，而这些服务的质量则决定着高校学生工作是否具有足够的竞争力，是否具有更高的价值。因此，为了判断自身价值，发现工作中可能存在的问题，高校学生工作还可以建立服务评价机制，让学生、用人单位等主体为学校的学生发挥监督作用，为学生工作打分、反馈，进一步提高学生工作品牌的服务能力，促进高校学生工作以优质的服务为学生工作品牌提供有力的支撑。

【案例："五爱三堂"融通式思想政治教育体系特色品牌】

经济与管理学院"五爱三堂"融通式思想政治教育体系建设旨在通过学院辅导员队伍参与并提供指导，将"五爱"教育确立为学生思想政治教育工作的驱动内核，将学生思想政治教育与第一课堂、第二课堂和第三课堂深度融合，形成具有鲜明特色的思想政治教育体系和固定的组织架构。通过线上、线下一系列活动，长期建设，打造品牌，调动全院学生积极性，充分利用学习优秀学生资源，切实帮扶学习困难学生提升学业，共建全院互帮互助、共同进步的学习氛围，通过为学生提供一个固定长期的制度保障与平台支撑，使"五爱三堂"教育体系成为实现培育优生，帮扶弱生，互帮互助，共同提高学风建设和综合能力的主阵地。

青年学生的主体精神、自我意识、情感认知等方面都发展到了一个相对成熟的阶段，已具备了自我意识和反思的能力。思政教育可以为学生精神的成长提供广阔的平台和方向的指引，通过对生命的深度关怀，帮助他们在不断地自我反思和觉解中，摆脱自身认识、理解的狭隘与局限，全面认识自我，整体把握未来，理性观照世界，从而领悟生活真谛，树立崇高信仰。

本品牌加强构建学校思想政治工作体系，加快形成学校思想政治工作品牌特色，把思想政治工作贯穿到教育教学全过程，打好学生至上的工作基础，更好地促进学生个体的发展。本品牌通过"五爱"教育、学风建设、文化推广、实践活动四个方面，促进社会主义核心价值观内化于心、外化于行，做到了积极思想的传播者和优秀模范的践行者。让学生切实地理解了思想教育的重要性，为其今后的社会发展奠定坚实的基础。帮助青年学生在复杂多元的社会现实之中构筑起支撑意义生活的精神大厦，并鼓励青年学生努力走出书斋，走向社会，在社会实践的大舞台上接受思维碰撞，丰富人生体验，历练人生信念，创造意义生活。

学生品牌维护机制的目标是确保学生能够建立一个有影响力和持续增值的个人品牌，从而提高他们在职业市场中的竞争力和职业成功的机会。这需要学校、导师和职业发展顾问的共同努力，以提供支持和资源，帮助学生实现这一目标。

第五节
推进"五爱"教育学生工作品牌与教学相融合

优良学风是激励学生奋发向上、努力成才的精神力量，是提高育人质量的重要保证。"三坊三联促四学"学风建设工作法坚持问题导向，在学生对专业的认同感和大学生学业规划方面发力，落实全员全过程全方位育人，充分发挥朋辈教育的积极作用，提高学生学习的积极性和自觉性。通过实施一系列有效举措，开创富有成效的学风建设新局面，切实提高人才培养质量。

一、围绕学风建设开展多元化的校园活动

我们可以通过开展一系列主题教育，如珍爱生命主题教育、写一封家书主题教育、校园建设有我同行主题教育及爱国忠党主题教育等，加深学生对"五爱"教育的认识，并增进他们对"五爱"教育内涵的理解。这些活动可以引导学生树立起爱己、爱家、爱校、爱党、爱国的情怀，使广大的青年学生成为"五爱"教育的传播者、建设者及见证者。同时，要确保"五爱"教育进程的顺利进行，就必须立足于这些活动实践，鼓励全体学生积极参与其中。

二、围绕"五爱"教育内容，实施多元化制度

将"五爱"教育融入教育教学的方方面面，同时积极探索"一二课堂"的内在含义，从多方面解答"一二课堂"对教学效果的影响，发挥其本身最大的优势，强化教学育人的重要作用，这就要求高校要充分利用第二课堂，让教育教学走向多元化的发展进程，同时我们也要利用这一制度，将"五爱"教育贯穿全学程、覆盖全校乃至全社会。具体表现为以第一课堂为主要载体，以学风建设为导向，全面提升学院学生思想政治教育的建设，即以学促建；以第二课堂为主要阵地，以文化活动为引领，将各项活动转化为学生综合能力提升的渠道，即以文化力；以第三课堂为主要平台的实践活动为抓手，将第一课堂和第二课堂的成果落实，知行合一，即以实笃行。

（一）提高学生的思想道德和科学文化素质

通过"五爱"教育，让学生们汲取党史丰富的营养，更加相信社会主义，坚定理想信念，为实现中华民族伟大复兴而努力。通过建设良好学风，为学生创造积极乐观、和谐向上的学习生活环境与学习环境，用良好的学风促进思想道德的建设。通过对传统文化的创新及传播，大力弘扬社会主义先进文化，弘扬社会主义核心价值观，讲好中国故

事、传播好中国声音，增强文化自信。理论联系实践，巩固课堂所学的理论知识。提高社会意识，弥补理论知识的不足，提高行动力，师范专业学生以专业为依托开展实习教学，培养教学能力、提升教学行为。在各项实践活动中重视学生的品质、人格教育，使学生形成良好的行为规范。

（二）以"五爱"教育为引领，确立道德规范

从"爱国""爱党""爱校""爱家""爱己"五个方面开展"五爱"教育，落实好教育阵地、组织好实践活动。以学促思，通过开展读书分享大会、学科知识竞答等活动促进良好学风的建设。以文化品，与长春文庙联合开设教育阵地，讲好中国故事、传播好中国声音。以实笃行，学生在企业、政府、学校进行实践，通过实践提高自己的综合实力。

1. 夯实"五爱"教育阵地

"五爱"教育阵地坚持总体规划、全面布局，注重效果、分步实施。坚持以立德树人为根本，大力培育和践行社会主义核心价值观。以"五爱"为主题，讲好历史故事、革命故事、改革开放故事和英雄模范故事。倡导他们以实际行动积极践行社会主义核心价值观，为实现中国梦做出努力，使社会主义核心价值观内化于心，外化于行。同时做好"五爱"教育的持续推进，教育青年树立"爱国""爱党""爱校""爱家""爱己"的信念，让学生在心灵深处感受国家的强大和社会主义制度的优越性。

2. "线上+线下"促进学风建设

开展"线上+线下"课堂，同时促进良好学风建设，无论是线上课堂还是线下课堂，都要创建一个良好的学习环境，举办形式多样的各类学风建设活动，线上知识竞答、读书分享、优秀笔记评选活动，线下辩论赛等。线上、线下同时开展"抓学风，树榜样"的活动，采用自主学习和交流研讨等方式，使学生养成自主学习的习惯，通过各类活动为学生创造积极乐观、和谐向上的学习生活环境，用良好的学风促进思想道德的建设。

3. 联合开设教育阵地

成立经济与管理学院社会实践基地，为学生提供了更宽广的社会实践机会和展示舞台。增强了社会主义核心价值观和"四个意识"、坚定"四个自信"，经历爱国主义洗礼。讲好中国故事、传播好中国声音，增强文化自信。将充分利用两个基地，发挥实践育人优势，积极开展内容丰富、形式多样的社会实践活动，构建多维度社会实践基地矩阵，实现本活动的可持续发展。并以"思想引领强化学风""线上学习促进学风""家校共育保障学风"等方式一同开展，高效实施。

4. 实践内容丰富多彩

活动实践内容丰富，"学校—政府""学校—企业""学校—学校"，发挥学院特长，使学生所学专业与政府相结合进行社会实践，让学生提前了解到相关工作内容，提高社会意识；从学校深入企业，设置对口职位进行志愿服务或实习，弥补理论知识的不足，

提高行动力；与中小学、职业学校进行合作探究，使师范类专业学生以专业为依托开展实习教学，培养教学能力、提升教学行为。

（三）以良好学风建设为导向全面提升学院学生政治思想教育的建设

加强学风建设，营造浓厚的学习氛围。一是提高教学质量和办学水平，促进高等教育的改革与发展，培养适应21世纪需要的高素质创新型人才，这是高校的历史使命。二是通过举办读书分享大会，学科知识竞答，实习工作经验交流等活动能够帮助学生了解社会，树立正确的世界观、人生观和价值观。三是思想政治教育工作的主要目标是对学生进行思想道德等意识层面的科学教育。通过思想教育工作，学生不仅能够更加坚定理想信念，还能够培养高尚的思想道德和严谨的学习态度。四是此项工作的推进意义重大，我们必须重视良好学风的建设，为学生创造积极乐观，和谐向上的学习生活环境，用良好的学风促进思想道德的建设。

（四）举办"经典诗歌永流传"朗诵等活动了解经典

让学生对经典诗歌进行钻研和赏析，透过诗词的文字感受古典韵味带来的雅致，从中体会到中华民族先辈对人生的感悟，汲取力量，在代入自我情感的同时，提高学生的人文素养；举办文科类知识竞赛，如文学常识、古诗、成语接龙，积累学生的文化素养，为提升个人品行打好基础；举办师范生教学创新大赛，让参赛者自选主题，融入思政教育，让学生在准备教学和接受教育中，汲取力量，消化知识，磨炼意志，沉淀底蕴，以达到全方位的提升，使文学作品为个人品德的提升打下坚实的基础。与长春文庙孔子学院进行合作，学校教育与孔子思想进行融合，体现"仁"的教育。孔子学院既是讲好中国故事的播音机，更是民心相交的孵化器，通过把中华民族的文化基因、文化精神、文化创新成果推广开来、弘扬起来、传播出去，向世界展现一个真实、立体、全面的中国，也有利于优秀教育文化的传播，提高学生的文化自信。

（五）使学生具有高尚的道德情操、优秀的思想品质

学校的德育教育必须实现由封闭单一的内向型向开放、多向的网状型转变。学校要积极为学生创造与生产实践相结合的机会，将学生在学校学习到的理论与实践相结合。学校积极开展"三下乡"活动，将文化、科技、卫生下乡，引导大学生深入社会，到基层去、到群众中去、到改革和建设的第一线去、到条件艰苦的环境中去，使学生们在实践的大课堂中了解社会，不断增强人民群众的意识和观念，培养自觉为人民服务的责任意识，进一步明确当代青年学生所肩负的历史使命，牢固树立国家主人翁的责任感和使命感。

自从将"五爱"教育确立为学生思想政治教育工作的驱动内核后，学校教职员工将"爱"进行到底，在课堂上倾囊相授，在教授理论知识的同时开拓学生们的思维，使学生

们建立起自己的世界观、人生观和价值观。在学风建设方面，学院为学生们营造良好的学习氛围，提供充实的物资及基础设施建设，力争做到有求必应。在教育实践方面，学院举办相关文化知识活动。通过同学们的组织与参与可以锻炼其社会实践能力，在实践的过程中不断学习新的技能，磨炼坚强的意志。在加强思想道德建设方面，从课堂教学和社会实践入手，遵从育人为本，学生至上，厚德致远，博学敦行的理念，全方位地为学生服务，以达到提高学生思想道德建设的目的。此项目的开展是学院教育方针落实的一大进步，将会成为学院教育建设中的重要工程。实施方案及保障措施如图3-8所示。

以爱育人	以学促建	以文化力	以实笃行
"五爱"教育是社会主义道德的基本要求，是社会主义精神文明的重要组成部分，同时也是学校德育的一面旗帜，是学校思想品德教育的主体部分，发挥着主导、统率的作用	要强调以良好学风的建设为导向全面提升学院学生政治思想教育的建设。加强学风建设，营造浓厚的学习氛围	孔子学院不仅是世界了解中华文化的窗口，更是民心相交的孵化器，向世界展现一个真实的中国、全面立体的中国，也有利于优秀教育文件的传授，提高学生的文化自信	要使学生具有高尚的道德情操、优秀的思想品质。学校的德育教育必须实现由封闭单一的内向型向开放、多向的网状型转变

图3-8　实施方案及保障措施

三、围绕教育教学载体，建立矩阵平台

在之前的内容中，我们强调了"一二三课堂"在教育过程中的重要性，在此将重点阐述它作为教育工具的重要作用。作为新媒体的代表，它为教育教学模式和途径注入了新的活力。从实际情况来看，与"第二课堂"紧密结合，成功打造了"创新型思想教育平台""创新型校园文化平台""创新型大学生创业平台""创新型大学生社会实践平台"和"创新型网络教育平台"。通过这些平台，举办了各类具有特色的主题活动，如服装学院的服装模特大赛、产品展示大赛以及大学生创业大赛等。这些活动不仅增强了大学生对专业的认知，而且对于大学生的自我成长及创业就业具有积极的推动作用（图3-9）。

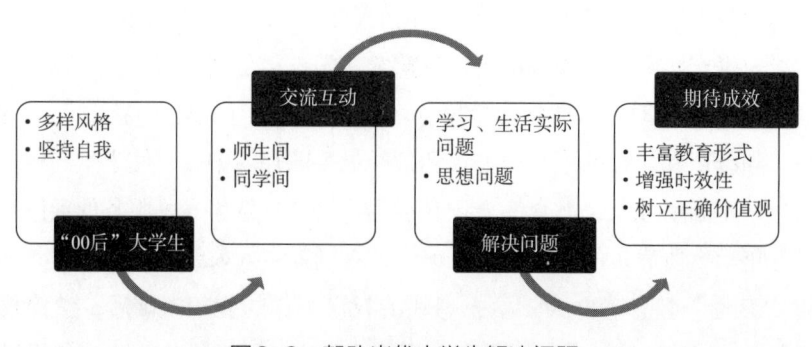

图3-9　帮助当代大学生解决问题

四、围绕人才培养过程，开展教育方法创新

从多方面论证，人才培养不仅是高校的重点工作之一，也是高校发展建设的重要一环。在教学过程中，要把重点放在思想政治教育和思想道德修养上，这些环节能从根本上提升学生的综合素质与能力，高校也要通过这些环节多元化地培养学生，并让学生明白要成为什么样的时代青年。当然，在这个过程中，可以灵活地运用"互联网+"技术和思维，让学生积极地参与到这个教育体系中来。正如数据科学与人工智能学院所构建的"数智青年"网络思政一体化平台，该平台以习近平新时代中国特色社会主义思想为指导，以全面实施"时代新人铸魂工程"为牵引，以"三全育人"为目标，以"五爱"教育为具体实施路径，依托"易班"平台教育资源，着力构建高校思想政治工作新生态，打造具有工师特色的网络思政一体化平台。此平台坚持"以生为本，引导为先，服务为纲，育人为体"的工作理念，铸阵地、增给养、重引导、强队伍。

【案例：数智科学与人工智能学院2+4+4融媒体育人体系特色品牌】

数智科学与人工智能学院办学特色及专业特点（师范性、应用性、网络化、数字化）和现有的思政教育团队，构建起全方位、多层次、立体化的"2+4+4"融媒体育人体系；按照"吸引—展示—浸润—引导"的育人思维，围绕平台建设和内容建设，通过手机或计算机端的云路径及校园内数字化屏幕的硬路径，加强四个新媒体平台——易班、微信、微博、抖音的创新，培育四批典型育人成果——网络文章、微视频作品、网络辅导员写手、网络专栏，使学校的思想政治教育从网络"弱声"到"强声"，让主旋律教育亲和入心，全方位满足学生多元化成长需要。

该项目取得了可观的初步成果，平台的微信公众号已初步建设完成，先后发布了《"研"途有你》系列推文9篇，《优秀毕业设计作品展》系列推文3篇，《喜迎二十大·迎新季》系列推文8篇，其中校宣传部约稿2次，《喜迎二十大·国庆献礼》系列推文3篇等，并积极每月向学校"吉林工师学工在线""学校团委公众号"平台投送推文，充分展现了学院学生的风采。根据微信平台后台统计的数据，自2018年6月建立，截至2024年5月8日，用户关注数量2291人，发表推文509篇，推文最大阅读量达到3138次，微信最高转发量为1100次。总体来看，公众号稿件浏览量大、影响力强、覆盖面广，深受学院教师和学生的喜爱。

此外，数智科学与人工智能学院还在积极建设下一阶段目标，持续完善全方位、多层次、立体化的"2+4+4"融媒体育人体系（图3-10）。

高校立体化德育与平面化德育是高校教育的重要组成部分，二者相辅相成、互为补充。在高校德育教育的实践中，应充分利用好学校德育教育的各种资源，加强

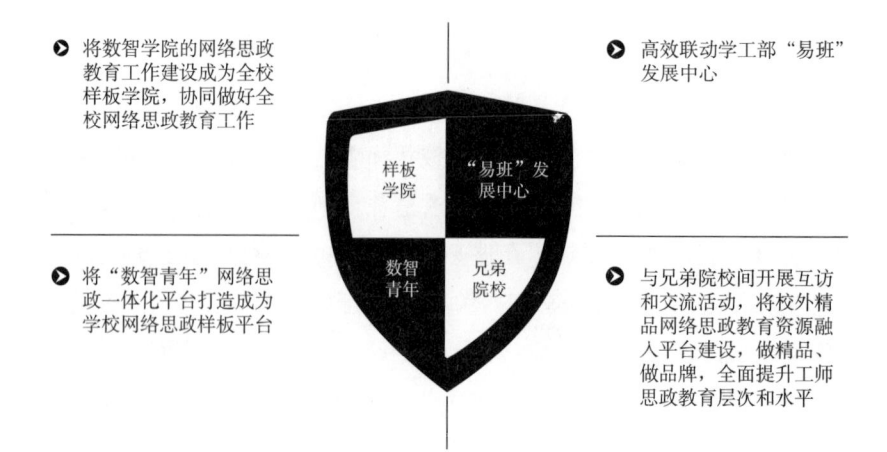

- 将数智学院的网络思政教育工作建设成为全校样板学院，协同做好全校网络思政教育工作
- 高效联动学工部"易班"发展中心
- 将"数智青年"网络思政一体化平台打造成为学校网络思政样板平台
- 与兄弟院校间开展互访和交流活动，将校外精品网络思政教育资源融入平台建设，做精品、做品牌，全面提升工师思政教育层次和水平

图3-10 搭建合理高效的协作共享机制

资源的有效配置，优化教育环境，切实提高高校德育教育工作的实效性。在教育教学过程中，应将"以'五爱'教育为载体的大学生实践育人体系"全方位、多层次地融入大学生教学实践过程中，全面统筹办学治校的各个领域、教育教学的各个环节、人才培养的各个方面，强化大学生实践育人体系。在学校层面，应重点优化育人模式，系统化推动学校思想政治工作与人才培养各个环节的统筹发展。同时，在构建一体化育人体系的过程中，也应注重学院层面的统筹规划，发挥各方面的优势，根据各项工作内在的育人元素和育人逻辑，结合学校特点特色，夯实育人基础，丰富育人内涵，打造包括爱己、爱家、爱校、爱党、爱国的"五爱"育人品牌，树立构建微观的"校院两级"一体化育人体系（图3-11）。

图3-11 思政教育"线上""线下"相结合

五、围绕"五爱"教育，构建心理健康发展

大学阶段是人生心理发展的关键时期，其间大学生的心理逐渐成熟、人格趋于完善和稳定，也是塑造价值观和人生观的重要时期。然而，这一时期的心理具有快速、复杂、多变、不稳定等特点，大学生对各种需求呈现不断增长的趋势，并不断产生新的含义。当内在的心理支持这种需求，以及理想与现实出现不平衡时，这种心理落差的产生就会引发心理问题，导致心理疾病的产生。主要表现为困惑、迷茫、冷漠、自闭、抑郁、焦虑、偏执、强迫、困惑、苦闷、寂寞、心理冲突、神经衰弱、精神分裂等。鉴于相当一部分大学生的心理失调已成不争的事实，应该重视大学生心理健康，深入学生，通过一系列多元化心理教育活动设计，调动学生的积极性，增强学生对心理健康教育深入了解，做好学生思想政治和心理健康的引领人。心理健康领域是培养学生需要重点关注的问题，要求高校在教育建设的进程中，从心理发展学的角度出发，结合大学生所处的人生阶段，制订合理、科学的教育体系。在生活中，人的心理认知来源于感觉、知觉所引发的情绪和情感，并转化为思维活动，逐步形成人格特性。人格又分为本我、自我和超我，在本我的自知和快乐中，接纳现实中的自我。从这些因素中可以发现，"五爱"教育是促进大学生心理健康发展的重要手段。

"五爱"教育是紧紧围绕大学生心理发展极端的特点，强调个人在家庭、学校、社会等多种环境中的发展；随着全球化竞争的日益激烈与高等教育综合改革的全面深化，大学生不仅需要具备扎实的专业理论知识和高超的专业技能，还必须有较强的社会责任感、创新创业能力、实践操作能力，以及迎难而上的勇气、良好的人际沟通能力、强大的心理承受能力等。通过心理健康教育培养大学生乐观向上的心理品质，促进人格健全发展；使学生不断正确认识自我，增强自我调控、适应环境的能力；增强生命意识、热爱生命；对少数有心理困扰或障碍的学生，给予科学有效的心理咨询和辅导，同时采取有效措施提高辅导员的心理健康水平和心理健康教育能力，从而进一步促进学生的健康发展。通过线上线下多种途径，开展内容丰富、形式多样的心理健康教育系列活动，宣传心理健康教育知识，倡导健康生活方式，提升心理调适能力，明确心理健康教育的意义与作用，培养学生的参与意识和乐观向上的心理品质，促进学生人格的健全发展，提高大学生的心理健康水平，增强大学生的心理健康意识。

【案例：五爱育人行走思政课堂特色品牌活动】

教育科学学院，在学校"多元互通，与协同育人融合，打造五爱育人行走思政课堂"的引领下，建构新时代高校"大思政"视野下的家校社"大课堂"。围绕以学生成长成才为中心，体现"四个互补"（教学与管理互补、思政课程与课程思政互补、理论与实践互补、线上与线下互补），筑牢"三个阵地"（学校、家庭、社会），

坚持"两化并举"的工作思路，协同联动，形成"三全育人"有机整体。"五爱"教育的目的是促进大学生的全面发展和心理健康，帮助学生了解和掌握心理健康教育的内容，及时有针对性地施以教育，对症下药。帮助学生了解健康和不健康的心理，学习如何保持心理健康，进而促进学生身体健康成长；对于促进人的智力与个性和谐发展，发挥人类的聪明才智，培养人才具有重要意义。对于处在智力发展成熟和个性形成时期的大学生尤为重要。一个人重视心理健康，可使大脑处于最佳状态，更好地发挥大脑功能，有利于开发智力，充分发挥各种能力，有利于个性的和谐发展（图3-12）。

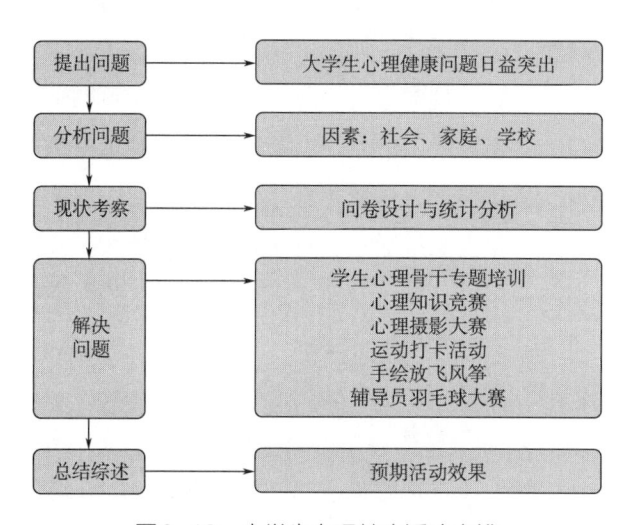

```
提出问题 ──→ 大学生心理健康问题日益突出

分析问题 ──→ 因素：社会、家庭、学校

现状考察 ──→ 问卷设计与统计分析

解决     ──→ 学生心理骨干专题培训
问题         心理知识竞赛
             心理摄影大赛
             运动打卡活动
             手绘放飞风筝
             辅导员羽毛球大赛

总结综述 ──→ 预期活动效果
```

图3-12　大学生心理健康活动安排

"五爱"教育也是传统文化教育和文化自信的具体表现。在中国传统文化中，强调家庭和睦、友善待人、孝顺父母、忠诚诚信等价值观念（图3-13）。"五爱"教育的核心理念包括个人的自我关爱、家庭关怀、校园归属感、政治意识和国家责任感。这与中国传统文化中强调人伦关系、家庭和谐、社会和谐等价值观是一致的。通过强调这些价值观，"五爱"教育促使学生在家庭、学校和社会中形成良好的人际关系，培养家国情怀，注重社会责任感，这些都是中国传统文化所强调的。

"五爱"教育也与文化自信紧密相关。中国提出文化自信的概念，鼓励人们保持对自身传统文化的信心，同时也要开放包容地对待其他文化。"五爱"教育中的政治意识和国家责任感强调了对国家、社会的忠诚和责任，体现了对中国传统文化的自信，同时也为学生提供了继承发扬中华文化的机会。总的来说，"五爱"教育既是对中国传统文化价值观的传承和发扬，也是对文化自信理念的具体实践。通过"五爱"教育，学生被引导去尊重、理解和传承自己的文化，同时也能够开放包容地面对多元文化，形成更加自信和包容的国际视野。在教育发展的长河中，我们始终坚持着一个基本原则——"爱"，这一原则有着深厚的历史渊源，是我国优秀传统文化的重要组成部分。其中，包括孔子、孟子、荀子等伟大思想家的核心思想，他们从不同的角度、不同的层次阐述了爱的含义，如孔子的爱是对知识的尊重和温故知新。他们用自己的方式传递着、传承着爱，从春秋战国到唐宋元明清，从东方古国到西方文明，无论时代如何变迁发展，都离不开这个基本原则。因此，爱的存在和发展是必然的，是符合时代发展规律的。我们不断从不同的角度和层面来理解和定义情感的变化，但情感自身的发展始终离不开其核心内涵。

因此，我们学习"以人为本"的思想，理解"人""家""国"这三个方面的辩证统一关系，以及其在当代社会中的伦理关系和道德修养。同时，随着时代的发展和社会的变迁，我们也不断根据时代发展的要求来更新这些内涵，使其与社会发展相适应、相契合。

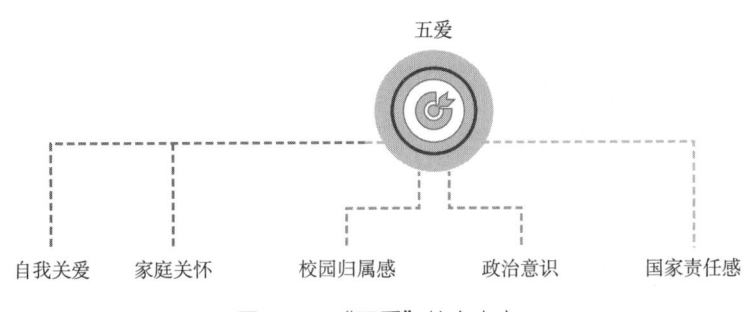

图3-13 "五爱"教育内容

【案例：特色品牌活动】

新闻与出版学院开设"三字一话"——写出靓丽书法字，说出精彩普通话项目活动，旨在通过相关活动加强语言类、文字类基本功训练，以实践育人，以文化育人，增强文化认同感；与此同时，经济与管理学院以"五爱三堂"融通式思想建设体系，以学风建设为导向，以文化活动为引领，以实践活动为抓手，融贯三堂，知行合一，以实笃行。通过对传统文化的创新及传播，大力弘扬社会主义先进文化，弘扬社会主义核心价值观，讲好中国故事、传播好中国声音，学习"以人为本"的思想，了解"人""家""国"这三个方面在当代的辩证统一，增强文化自信，与社会发展相契合、相适应。

在"五爱"教育的背景下，将具有学校特色的学院"一院一品"活动融入其中，使教育服务理念与品牌理论相结合，得到事半功倍的教育成果。其中，"五爱"育人工作案例、成果宣传片在中国大学生在线吉林频道、吉林省高校网络思政工作网络平台、微信公众号等新媒体平台上展示，扩大了教育成果的影响力和覆盖面；获校外省级以上媒体宣传报道五篇，"五爱"育人相关校园文化专题活动先后在《吉林日报》《长春晚报》《城市晚报》《东亚经贸新闻》《新文化报》等媒体上刊发，产生了较好的宣传推广和社会影响效果。学校"学工在线""数智青年"微信公众号等网络平台点击率不断提高，辅导员微课和学生工作特色活动案例得到推广应用。

第四章
学生工作品牌的评价体系建设

第一节
品牌评价相关概述

品牌评价，也可以称作品牌实力评价，是指基于一定的评价体系，对品牌的发展特征进行全面分析和描述，具体包括品牌战略、品牌与消费者的关系、品牌管理体系的效率、品牌营销的投入产出比等方面。根据具体的评分标准对以上方面进行量化评分，使品牌评价的结果能够成为跨越多个经营周期考核品牌管理绩效、了解品牌发展趋势的参照系。可见，品牌评价是对品牌各个方面的内容进行量化评价，掌握品牌管理、建设的情况。对于学生工作品牌来说，评价是必不可少的环节，不仅有利于审视学生工作品牌建设的成效，也有助于形成较为完善的品牌评价体系，以供后续品牌建设和评价的开展。

"品牌评价"与"品牌资产价值评估"不同，它只为品牌管理服务，不为经济交易服务，它并不衡量品牌作为一种资产所具有的经济价值。目前国内外具有代表性的品牌评价方法是Interbrand和CEO brand品牌评价方法。品牌评价的成果与品牌资产价值评估结果相结合，可以更完整地体现品牌的"内在价值"和"交易价值"，解决了一般只采用无形资产评估方法评估品牌价值的不足之处。在品牌评价的基础上，可以有针对性地提出改进品牌管理、提升品牌价值的解决方案，从而对企业改进品牌管理产生直接作用。

品牌评价要遵循市场导向、客观公正、动态调整、当前与长远结合的原则，一般半年评价一次，评价指标要综合考虑当前特定市场的需要和未来发展的要求，体现客户的意愿和品牌发展战略的导向作用，指标尽可能量化，评价的结果要与品牌培育工作相结合。建立品牌评价体系,从品牌的重要性、成长性、营利性、稳定性、协同性五个方面进行量化的指标评价,根据评价结果实施针对性的品牌分类和品牌培育策略,为品牌引入、退出提供科学、公正的依据。品牌的重要性,主要衡量该品牌是否符合品牌发展战略,品牌发展规划的要求,侧重于品牌的行业地位和影响力,具体包括重点品牌和销售规模、位次等指标。品牌的成长性,主要衡量该品牌的发展潜力,在市场的现实表现和竞争能力,以及市场与品牌间的依存程度,具体包括市场覆盖率、订单满足率、销量增长率、市场份额、在同类产品中的销售比重等指标。品牌的营利性,主要衡量该品牌的营利能力,具体包括销售毛利的贡献度、批零环节的盈利水平等指标。品牌的稳定性,主要衡量品牌在货源、品质、价格方面的稳定性,评价异动因素对市场投放的影响程度。品牌的协同性,主要衡量工商企业间协同机制的运行水平和产销环节的相互配合程度,以及工业企业在市场推广、品牌培育、售后服务等方面的能力表现。

【案例:多措并举心理育人、助力学生健康成长特色品牌活动】

——以艺术与设计学院为例

一、活动主题

艺术与心理接轨　学院特色文化活动助力心理育人

二、活动背景

2017年12月,教育部党组颁发了《高校思想政治工作质量提升工程实施纲要》,将心理育人列为"十大育人体系"之一。2018年7月,为了提升心理育人质量,教育部《高等学校学生心理健康教育指导纲要》提出:"坚持育心与育德相统一,加强人文关怀和心理疏导,规范发展心理健康教育与咨询服务,更好地适应和满足学生心理健康教育服务需求"。心理育人是新形势下提升思想政治教育质量的重要方式,也是新时代学校心理健康教育的新任务、新使命。

(一)艺术与设计学院学生心理基本情况

艺术与设计学院目前共有在校学生2080人,学生来自于各个不同省份,由于不同地域的生活习惯、寝室关系、家庭关系、情感问题、学业压力、就业压力等,导致部分学生在心海网测评中显示为心理异常,并且在日常生活中表现出比较焦虑的情绪。

(二)艺术与设计学院心理工作基本情况

艺术与设计学院高度重视学生心理健康教育工作,学院设有大学生心理健康教育工作站、大学生心理健康教育领导小组、团委心理发展中心等部门,工作人员均由经验丰富的辅导员和学生干部担任。其中,马云峰为国家二级心理咨询师、包洪亮为中国科学院心理咨询师基础培训合格证书获得者，赵婷婷、马越正在参加培训，马云峰、包洪亮、赵婷婷均担任过大学生心理健康教育课程教师，参与的学生干部均为心理委员MOOC培训合格证书获得者。学院积极响应国家号召，落实学校心理咨询中心布置的各项任务，学院目前已经形成自己独特的心理工作模式。

三、活动目标

（1）落实心理育人助力学生健康成长。

（2）深入了解艺术学子心理基本情况。

（3）分析学院心理育人存在不足之处。

（4）创新学院心理健康教育实践路径。

四、活动意义

深入学习贯彻习近平新时代中国特色社会主义思想，全面贯彻党的教育方针，坚持育心与育德相统一，加强人文关怀和心理疏导，规范发展心理健康教育与咨询服务，更好地适应和满足学生心理健康教育服务需求，突出强化学院以及学生主体在心理健康教育工作中的地位和功能，完善学院大学生心理健康教育工作体系与运行机制，促进大学生思想道德素质、科学文化素质和身心健康素质协调发展，使大学生健康成长、立志成才。

五、创新与特色

互联网时代，学生接受的信息量远远大于以往，这给心理咨询带来了难度，学生往往形成一套固有的思维模式，根深蒂固，难以动摇。通过构建学院心理工作体系，潜移默化地影响学生，为心理健康教育工作加强了保障。

心理健康工作者往往忙于事务性工作，而无心处理学生心理健康教育问题，通过工作体系、工作制度的确立，可以让心理健康教育工作者回归到工作中，提高工作效率，完善工作方法。

（1）形成五级包保心理育人模式。

（2）形成学院特色心理育人机制。

六、基础开展情况

（一）学院加强工作条件保障，完善心理育人环境

学院领导高度重视，设立改造专项，在学院内专门分给学生工作一个独立教室，可用于心理谈话室，2023年4月顺利完成启用。新的谈话室位置独立，环境温馨，功能覆盖个体咨询、团体咨询、心理测评、休闲阅读、团体活动和督导培训等，为学生提供了更优质的心理环境，心理服务功能相比较以前有明显改善和提升，同时形体室可以作为活动排练场地。

（二）学院建强心理工作队伍，夯实心理育人体系

强化心理健康队伍建设。为提升心理健康教育工作实效，学院高度重视心理工

作队伍建设，积极推荐辅导员参与中国科学院心理研究所心理咨询师基础培训合格证书培训以及学习公社上的心理健康教育培训，推荐学生参与心理委员MOOC培训。同时学院经常邀请国家二级心理咨询师来学院对心理工作队伍进行专题培训。

七、具体活动流程

（一）学院辅导员层面

1.心理月报评选活动

学院每个月出一份心理月报，把本月当中，发生的重大心理问题，心理活动开展等写入月报当中，作为工作总结。

2.心理案例征集活动

学院定期开展心理健康教育与危机干预优秀案例征集活动，提升辅导员参与度，学院会把案例装订成册，便于辅导员互相借鉴经验。

3.举办心理沙龙活动

学院经常组织心理沙龙活动，邀请国家二级心理咨询师来到学院，与学院心理健康教育工作队伍一起进行心理案例探讨。

4.每周开展心理班会

学院全体辅导员每周均会开展心理班会，确保全员覆盖，在班会中为学生普及心理健康知识，增强学生心理调适能力。

5.健全心理约谈流程

学院单独提供心理谈话室，确保谈话保密，并且严格按照心理咨询中心下发的辅导员心理约谈流程进行。

6.完善心理包保体系

建立学校心理咨询中心、心理咨询师、学院党政领导班子、辅导员、心理委员五级包保体系，确保学生出现心理问题第一时间发现并干预。

7.定期举办心理讲座

学院定期举办心理讲座，邀请国家二级心理咨询师，以及六院的心理医生，为辅导员、学生们开展心理健康教育讲座。

8.建立家校联系制度

通过建立学校、家庭、社会共同育人的长效机制，保障学生健康成长，形成家校教育合力，随时了解学生思想变化。

（二）学院学生层面

1.艺术与心理接轨，跨学科融入打造学院特色活动品牌

（1）我爱工师，文明从我做起——大学生文明公约插画征集活动

（2）治愈心灵，唱出心声——歌声治愈心灵音乐节活动

（3）我的青春我做主——心理漫画征集大赛

2.校园与社会结合，通过实践感受生活热度唤醒真善美

（1）唤醒学生真善美——孤儿院及敬老院走访活动

（2）关爱残障儿童 感受生活热度——聋儿康复中心走访活动

（3）青春向阳 携手筑梦——社区志愿服务活动

3.传统活动再创新，进一步提升完善校园心理文化活动

（1）话说情绪——心理情景剧大赛活动

（2）以赛代练——心理知识竞赛答题活动

（3）心风采 心能量——优秀心理委员评选活动

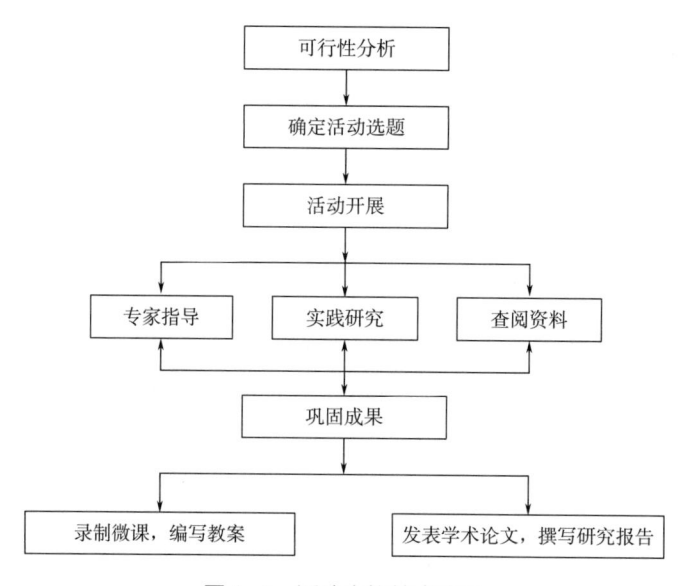

八、活动实施技术路线

活动实施技术路线如图4-1所示。

```
可行性分析
   ↓
确定活动选题
   ↓
活动开展
   ↓
专家指导  实践研究  查阅资料
   ↓
巩固成果
   ↓
录制微课，编写教案    发表学术论文，撰写研究报告
```

图4-1 活动实施技术路线

第二节
构建评价体系的意义

一、有助于衡量学生工作品牌建设实效

学生工作品牌创建并实施一段时间后，其育人效果到底如何，社会影响力到底怎么样，这些问题的答案需要全面评估后才能得出。通过评估，一方面，可以检验品牌实施的实际效果，效果的好坏界定标准为是否需要对已使用的品牌进行适当的修正与完善；

另一方面，可以通过评估来查找问题，从而引发品牌的创立者与受众的思考，是需要对原有品牌作出一定的改进，还是可以在原有品牌的基础上打造更多的新品牌。在高等教育日益普及的背景下，高校教学质量对人才培养水平具有重大影响。因此，构建完善的高等教育教学质量保障与评价体系，成为高校的重要职责。本书从高等教育角度出发，探讨教学质量保证体系与评价体系建设的策略。

二、有利于高等教育教学质量保障建设

高校的教学质量在很大程度上影响着人才培养的水平，在大力发展高等教育的背景之下，如何构建完善的高等教育教学质量保障与评价体系是高校的重要任务之一。高等教育教学质量保障与评价体系的建设符合高等教育的发展方向，不仅能够突出新课改背景之下高校对于办学水平的重视，也能够通过教学质量评价来带动对教学质量的监控，引导教师基于教育实践进行教育改革，从而更全方位地促进教学改革，突出高校的育人本质和功能。保证教学质量是提高高校办学水平的关键，对教学过程进行监控可以有效地发挥全面质量管理的作用，在教学的过程中提高对教师教学水平的重视。因此，高校应当健全教学过程监控体系，在实施教学质量动态管理的基础上促进教学工作的改进。

三、有利于品牌建设顺应激烈的竞争形势

当前我国高等教育面临着生源短缺和高校供过于求的严峻形势，更加激烈的生源竞争与就业的结构性失衡必然随之发生。可以预见，未来一段时间内，随着高校的不断细分及社会对优质教育资源需求的日益高涨，高校之间在生源、师资力量、科研及学生就业等方面的竞争必将越演越烈。高校培养的学生要赢得社会的认同，就必须占据就业优势，提高就业率，同时要尽可能地获取更多生源，提高报考率、录取率，这些是当前高校面临的严峻课题。那么，到底应该怎样做呢？对于高校学生管理工作来说，就是要走品牌战略之路，创建学生工作品牌。要依靠学生工作品牌，强化学生的综合能力，满足用人单位和社会的需求，从而在竞争激烈的教育领域获得更高的声誉与地位。

【案例：教育科学学院基层团组织美育素质建设特色品牌活动】

近年来，高校团委在学生工作中发挥着越来越重要的作用，美育素质也逐渐成为团委工作中的重要一环。然而，基层团组织的美育素质建设仍存在一定的薄弱环节。本活动旨在通过实施提高基层团组织的美育素质，增强美育教育的针对性和有效性；培养学生的审美意识和文化素养，增强文化自信和文化认同感；拓展团委工作领域，增强基层团组织的影响力和凝聚力等方面提升基层团组织的美育素质，更

好地服务于广大学生。

一、活动主题

加强美育教育的针对性和有效性，提高基层团组织的美育素质。

二、活动背景

随着高校教育的不断发展，学校除了重视学生的学术水平外，也逐渐注重学生的综合素质培养。作为学生的主要组织形式之一，基层团组织在学校管理和教育中起着重要的作用。美育素质是学生综合素质培养的重要组成部分，对于提高学生的综合素质具有重要作用。

三、活动目标

提高高校基层团组织的美育素质，通过建设美育资源共享机制，培养具有较高美育素质的基层团干部，开展各种形式的美育活动，推动学生艺术素养和创造力的提高，提升学校的综合实力和文化底蕴。

四、活动意义

（一）促进学生全面发展

美育是学生全面发展的重要组成部分，通过各种形式的美育活动，学生的文化素养、审美能力和创造力得到提高，对于学生的未来发展将产生积极的推动作用。

（二）提高基层团干部美育素质

基层团干部是团组织建设的重要骨干，通过本项目的培训，可以提高基层团干部的美育素质，增强其组织和开展美育活动的能力，为学生提供更好的美育服务。

（三）建立美育资源共享机制

本活动将建立美育资源共享机制，让更多的基层团组织可以分享到丰富的美育资源，避免重复建设和资源浪费，提高资源利用效率。

（四）提升学院的综合实力和文化底蕴

高校基层团组织是学校文化建设和学生思想政治教育的重要阵地，通过提高基层团组织的美育素质，可以增强学院的文化底蕴和综合实力，提升学院的品牌影响力和竞争力。

五、创新与特色

（一）针对性培训

本活动的培训将针对不同基层团干部的实际需要进行针对性的培训，让他们能够更好地组织和开展美育活动，提高美育服务水平。

（二）多元化的美育活动

本活动将开展多种形式的美育活动，包括但不限于艺术节、艺术讲座、美术展览等，让学生在不同领域得到锻炼和提高，提高学生的综合素质。

（三）着眼于基层团组织建设

本活动将重点关注基层团组织的美育素质建设，通过提高基层团干部的美育素质，增强其组织和开展美育活动的能力，为学生提供更好的美育服务，同时也促进基层团组织的建设和发展。

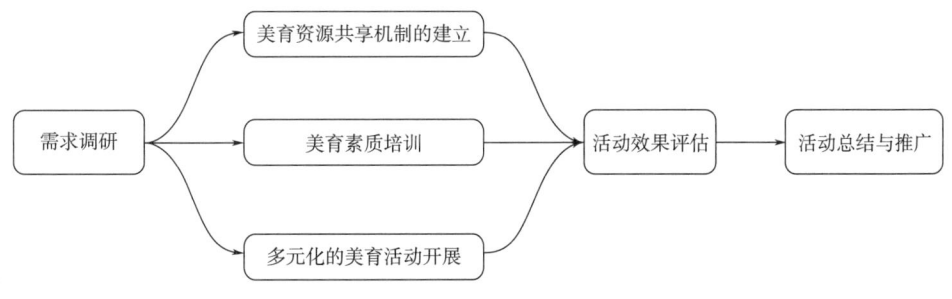

六、活动实施技术路线

活动实施技术路线如图4-2所示。

（一）需求调研

对学院基层团组织的美育素质需求进行深入调研和分析，了解其实际需求和问题，为后续的培训和活动开展提供基础数据。

（二）美育资源共享机制的建立

建立美育资源共享平台，收集整理各类美育资源，包括但不限于艺术家的讲座、专业培训资料、艺术品展览等，为基层团组织提供丰富的资源支持。

（三）基层团干部美育素质培训

根据需求调研结果，设计相关培训课程和教材，包括艺术基础知识、组织策划能力、公共关系等，通过线上、线下等多种形式进行培训。

（四）多元化的美育活动开展

开展多种形式的美育活动，包括艺术节、艺术讲座、美术展览等，活动的设计和实施需要充分考虑学生的需求和兴趣，提高活动的参与度和吸引力。

（五）活动效果评估

通过对美育活动的效果进行评估和反馈，收集学生和基层团干部的反馈意见，及时调整和改进活动策划和实施方案，确保活动效果的持续提高。

（六）活动总结与推广

对本活动的实施过程和效果进行总结，撰写项目总结报告和相关成果，推广活动的成功经验和实践经验，为其他学院和基层团组织提供参考和借鉴。

图4-2　活动实施技术路线

七、保障措施

党建带团建体系成熟在党建工作中，教育科学学院党组织以党章党规为遵循，进一步提高政治站位，不断加强党员党性教育，充分发挥党组织"把方向、管大局、保落实"的领导核心和政治核心作用，加快推进党建科学化发展，确保党建工作不变色，不褪色。党建工作能够充分发挥引领作用，带动团组织建设发展。有相关资源配合美育建设开展。强化宣传通过"卓越教科""教科学思千里驿站"等新媒体平台和海报、条幅等传统宣传相结合的方式，对各项工作的开展进行宣传。

第三节 构建评价体系的原则

高校学生工作品牌评价应该遵循评价体系的规律，坚持实事求是的态度，按照科学的要求确定评价标准，采用合理的评价手段，保证评价结果的科学性和准确性。在评价过程中，应严格根据评价标准规范地开展评价工作。要运用定性和定量相结合的方法，抓住本质性的问题进行全面客观的评价，不能以偏概全，应确保评价结果能够有效地指导学生工作沿着健康、持续、发展的道路前进，以确保评价过程公平、客观、可靠和科学。以下是评价高校学生工作品牌时应遵循的一些科学性原则（图4-3）。

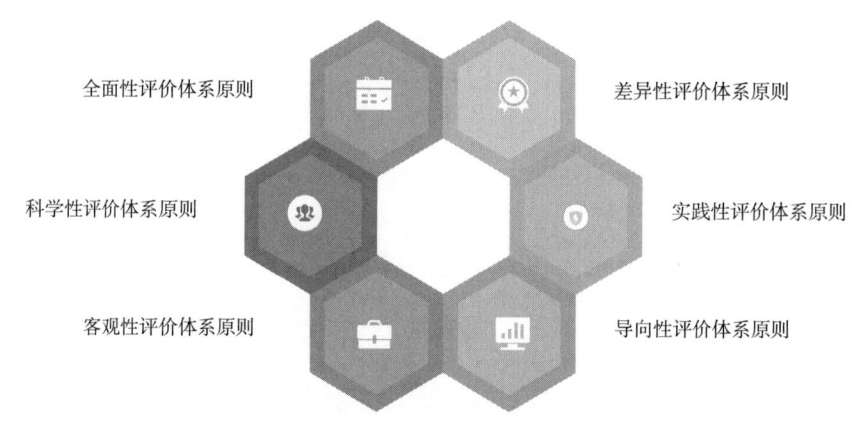

图4-3 学生品牌评价体系原则思维导图

一、全面性评价体系原则

高校学生工作品牌的全面性原则是指高等教育学生工作机构在建立和维护自己的品牌时，需要考虑和涵盖多个方面。全面性原则指高校思想政治教育应充分理解思想政治教育工作所涉及领域的广阔性。全面性体现在：学生工作品牌应面向全体师生，无论学生的社会背景、兴趣爱好、性别、宗教信仰、国籍等，都应该受到平等和全面的尊重、关注和引导。学生工作品牌应紧密贴合学校的育人任务，将其视为学校教育的重要内容，贯穿学校教育的不同阶段，逐渐升华和深化。学生工作品牌应当突出实际、贴切实际，适时调整教育内容和方法，注重针对具体问题的解决和实际效果的评价。"五爱"教育则是一种以全面素质培养为核心的教育理念。在高校学生工作品牌的构建中，"五爱"教育的全面性原则具有重要的指导意义。

高校学生工作品牌的全面性原则涵盖了学业支持、生活关怀、社会参与、职业发展和文化活动等多个方面。通过在这些领域提供全面的支持和服务，高校可以确保学生在大学期间获得最佳的学习和生活体验，为他们的未来职业发展打下坚实的基础。高校学生工作品牌的全面性原则强调了为学生提供全方位支持和服务的重要性。这不仅有助于他们在学术上取得成功，还有助于他们的生活满足和职业发展。通过秉持这些原则，高校可以创造一个有利于学生全面成长的校园环境。而"五爱"教育旨在将这五个"爱"融入教育过程中，以培养全面发展的学生，使其不仅具备学术知识，还具备人际关系技能、创造性思维和社会责任感。这一教育原则旨在帮助学生在多个领域实现全面的成长和发展，以应对未来的挑战和机遇。

二、科学性评价体系原则

高校学生工作品牌的科学性原则强调了对学生支持和服务的科学化、系统化和数据驱动的方法。这意味着高校应该根据研究和实证数据来制订和改进学生工作计划，以确保其有效性和可持续性。

科学性原则指充分调查研究、把握规律、处理好逻辑、科学论证等几个方面。具体地说，学生工作品牌工作应当：近距离地了解受教育对象的思想状况，提高调查研究的科学性和目的性；充分分析调查研究结果，从全局出发，合理研究课题，充分掌握人们关切的问题；注重逻辑思辨和新知识的科学论证，并落实认真起草整理文字，负责科学制订教育方案，以期达到切实目标的效果。通过遵循科学性原则，可以更好地满足学生的需求，提高他们的学术成就、生活质量和职业发展机会。这不仅有助于学生个人的成功，也有助于高校的整体声誉和卓越。科学性原则是建立强大的学生工作品牌的重要基础之一，可以帮助高校在竞争激烈的教育环境中脱颖而出。生物与食品工程学院设置了以奖促学机制，在寝室方面抓好学生党支部建设发展学生党员的模范带头作用，在空余时间，也开展了劳动教育，为学校发展贡献力量，并设置了考研寝室，发挥朋辈激励作用，在班级上设置考研班级，带动其他同学学习，设置专研专属自习室，组建了许多学风建设文化活动。通过遵循这些科学性原则，高校可以确保学生的工作品牌评价是公正和可靠的，有助于学生的成长和发展，也有助于维护高校的声誉和学术诚信。并且为考研上岸的同学设置不同等级的奖励，班级在校期间无重大事故，报考比例达到40%的班级评为"先进组织奖"，对考研录取比例达到15%的班级评为"优秀学风奖"。

三、客观性评价体系原则

对学生工作品牌建设进行评价是为了客观地了解品牌建设工作是否有成效、是否存在问题等,以便在后续的工作中作出相应的改善。因此,评价要坚持从实际出发,以事实为依据,不主观盲目臆断,客观公正地进行评价,做到高校品牌评价体系的标准客观,不带随意性;评价学生要客观,不带主观性。在今天竞争激烈的社会中,高校学生需要建立自己的工作品牌,以在职场中脱颖而出。要建立一个成功的工作品牌,客观性原则是至关重要的一部分。客观性原则要求学生在塑造自己的品牌时,遵循客观、真实、可验证的原则,以确保他们的品牌能够取得长期的成功。

总之,高校学生工作品牌的客观性原则是建立可信度和信任的关键因素。通过遵循客观、真实和可验证的原则,学生可以确保他们的品牌在职场中取得长期的成功。然而,实施这一原则可能面临一些挑战,需要学生保持诚实和坚定,以确保他们的声誉始终如一。通过建立一个真实、可信的工作品牌,高校学生可以在职场中蓬勃发展,并为未来的职业生涯打下坚实的基础。

【案例:复合型"一站式"学生社区特色品牌活动】

机械与车辆工程学院以打造复合型"一站式"学生社区为目标,提高综合育人能力,不断推动"三全育人"工作体系建设,将思想政治教育工作、心理健康教育工作、寝室建设与管理工作融入学生生活园区。围绕"党建领航""师生共融""成长成才"总思路,坚持"思想引领、内外互促、多维并举、全面推进"总原则,开展"三全育人"视域下的"一站式"学生社区建设研究。以学生公寓阵地为载体,以活动建设为依托,以文化育人为主线,围绕学生全面成长打造特色学生公寓文化,培养学生尊师重教、爱校如家的"五爱"教育精神。全面了解学生动态,满足学生多元需求,将社区综合治理与学生的生活、学习、成长紧密结合。以"一站式"学生社区落实学生发展为中心的育人理念,贯通"五爱"教育培养体系。

"一站式"学生社区作为新的育人空间,聚合了多支育人队伍,承担着学生成长各阶段的育人任务,成为各项资源有效下沉的有力承载,是新时代"三全育人"的新平台。通过"一站式"综合管理试点,推动学生社区教育培养模式、管理服务体制、协同育人体系、支撑保障机制改革,推动学院学风建设融入学生社区,引导学生关心学校发展建设,培养主人翁精神。"一站式"学生社区以楼宇社区空间为载体,为学生成长提供多种平台,引导学生主动参与社区建设,营造积极向上的社区空间文化氛围,是学生成长的新环境。通过"一站式"学生社区多场景服务体系,教育引导学生树立大局意识、集体意识、责任意识,增强心理调适能力和社会生活的适应能力，预防和缓解心理问题。"一站式"学生社区建设需要通过强化党建引领来推动实施。高校学生社区以空间为基础构建"纵向到底、横向到边、全覆盖"的社区党建模式，成为新时代高校党建工作组织优势、阵地优势和活动优势的承接载体。建设社区学生组织，辅导员、学生党员、入党积极分子、学生干部担任负责人，完善社区学生自治组织。提升学生自我教育、自我管理、自我服务，培养学生互助互爱、团结协作精神，共建平安文明和谐校园。"一站式"学生社区以为学生提供自由型学习时间和空间为目标，让"考公""考研"意识潜移默化，打造独特寝室学风。创设考研"一站式"、考公"一站式"优秀标榜寝室，学院领导班子及辅导员下沉各考研考公特色寝室，关怀备考学生心理健康，传授理论学习经验，树立寝室良好学风学貌，打造浓厚校园文化氛围。

四、差异性评价体系原则

学生工作品牌建设评价体系要保证科学、客观，不能搞"一刀切"，要充分认识到学生个体之间、学校之间以及不同情况下存在的各方面的差异。首先，由于个体之间在兴趣、爱好、观念、思维方式、知识结构和知识水平等方面呈现多元化的特点，相互之间存在差异，所以，高校品牌评价体系要充分考虑个体之间的这些差异，考虑学生个体发展的客观情况，应把学生现在取得的成绩与其起始水平相比较，考核评价其进步程度，而不能以一种标准考核评价所有的学生。其次，高校品牌评价体系要考虑学校的实际情况，如高校所在地区的经济发展水平、高校的办学水平乃至校园活动开展的各种条件等，制订更科学、更符合实际情况的品牌评价体系，使评价更加客观公正，保证评价结果可以起到分类指导、典型示范的作用。学生工作品牌的差异性原则是指学生在职业发展过程中，通过独特的品牌建立和塑造，使自己在竞争激烈的就业市场中脱颖而出。这些原则包括个人形象、技能、经验和价值观等多个方面，它们共同构成了学生工作品牌的独特性。本书将探讨学生工作品牌差异性原则的重要性以及如何实现这些原则，以帮助高校学生更好地准备自己的职业未来。差异性原则是一套指导学生如何在职业领域中建立独特、有竞争力的个人品牌的原则。这些原则涵盖了多个方面，以确保学生在就业市场中脱颖而出。

生物与食品工程学院基于学院"一院一品"特色品牌项目，围绕"薪火计划""远航计划"结合学院"三联促三学"教育特色开展"教育教学联动增强'导'学""党团联动促进'督'学""朋辈联动促进'伴'学"活动，意在通过教育教学联动，家校联动，朋辈支持，打造更为专业化、精准化和全程化的考研指导，提高毕业生的考研录取率和录取质量。根据个体之间的差异，制订合理计划。党团联动促进'督'学，开展"强国有我，勤奋好学，励志成才，考研必胜"主题党团学习活动。由学生党支部引导思政化学习，定期开设党小组讨论会，可以实时了解同学们的考研情况，分享近期相关时事政治资料，以党员先锋模范带头作用，引领考研学子强化政治理论学习，为考研学子备考打基础；通过定期开展党课，纠正考研同学有关政治学习的方向，打好考研信息差。定期发送相关时事政治要闻、资料、论坛信息。开设"词"之以恒英语单词打卡活动，报名参加活动的同学加入相应微信群，使用百词斩、扇贝、不背单词等英语App，每天背诵不少于30个单词，然后完成打卡界面截图。准备考研的同学打卡背诵考研英语单词，且每天单词打卡的单词数必须达到30个以上方能记入本活动的活动次数之中。若没有满足30个单词，则打卡无效。坚持参与并完成单词打卡的同学将按照最后背诵单词总数，评出一、二、三等奖和优秀奖，并在后期进行结果公示。获奖的同学可以获得相应的奖状。

五、实践性评价体系原则

高校学生工作的主要内容不是对学生进行知识的灌输，是通过组织各种活动采取各种措施促进学生思想和言行的发展与成熟，为学生就业创业提供更多的帮助。从本质上看高校学生工作具有很强的实践性。作为学生工作的受众，大学生自身素质能力的提高最终也需要通过其在日常的实践中来体现。另外，对高校学生工作品牌进行评价，不仅是为了对之前一段时间学生工作的情况进行总结，还为了能从过去的工作中发现存在的问题，以指导后续的学生工作实践。

实践性原则鼓励学生积累实际经验，让他们的学习更有实际意义。通过实践性原则，学生有机会展示自己的技能和能力。实践性原则鼓励学生积极参与各种活动，这有助于他们更深入地了解自己的兴趣、技能和职业目标。这种自我认知对于做出明智的职业决策至关重要。参与项目、志愿者工作和实习等活动提供了机会，让学生展示了自己的领导力和团队合作技能，这对于职业发展至关重要。通过参与实践性活动，学生可以扩展自己的职业网络。这将为他们未来的职业发展提供有力的支持和资源。通过实际经验的积累，学生可以增强自信心，更好地应对面试和职业挑战。他们知道自己拥有实际经验，这可以提高他们的表现和自信。实践性原则的实施不仅对于找工作有益，还为学生的职业发展做好了准备，提供了坚实基础，使学生能够在职业领域中不断进步和成长。实践性原则是确保学生在实际工作项目中能够获得实际经验和技能，以更好地为未来的职业发展做准备的原则。生物与食品工程学院遵循实践性原则，以赛练技，组织学生参加学科竞赛，"互联网+"大学生创新创业大赛以及技能大赛，还组织了专业特色活动，"食"分喜欢你之酒标大赛，"食"分喜欢你之面点制作大赛，"食"分喜欢你之食品安全知识竞赛，这些竞赛可以充分锻炼学生们的实践，实践性原则有助于确保高校工作品牌项目不仅局限于理论知识，还包括实际技能和经验，为学生提供更好的职业准备和未来的职业机会。

六、导向性评价体系原则

学生工作品牌导向性原则是指在发展和管理个人工作品牌时应遵循的指导原则。确定学生的职业目标，并确保未来的工作品牌与这些目标一致。同时，明确自己的价值观和原则，以确保学生品牌反映价值观。确保工作品牌在不同平台和场合上是一致的，这包括在线和离线的表现，如社交媒体资料、简历、面试和职业活动。确定学生在职场上的独特之处，并将这些特点作为自己工作品牌的关键元素，可以是技能、经验、兴趣爱好或独特的视角。学会如何有效地推销自己，包括在面试中展示学生的技能和成就，以及在社交媒体上分享与自己领域相关的见解。职场是不断变化的，因此，持续学习和提高自己的技能非常重要。这不仅有助于保持竞争力，还有助于增强工作品牌。学会如何清晰、自信地与他人沟通，包括书面和口头沟通，这对于建立强大的工作品牌至关重要。

生物与食品工程学院确保这些项目能够引导学生朝着明确定义的目标和方向发展。开展"'研'续青春梦，奋斗正当时"考研动员活动，通过开展考研动员大会，助力学生了解考研形式，坚定考研信心；鼓舞学生以更加积极的心态迎接考研征途，并邀请历届成功上岸的学长学姐录制其研究生在校学习生活，旨在通过朋辈交流，使预备考研或者考研决策不稳的同学对研究生院校有一个更为直观的了解，继而与自己期待的未来进行对比，以此坚定考研的想法，提高自驱力，真正意义上做到"为自己学，为自己考"。"驰舟渡学海，'研'途破万浪"主题活动吸引考研学子广泛参与，届时活动开展会邀请往届优秀的学长学姐进行交流分享，并通过分享和共同研究考研学生所列考研计划，讨论出更适合学生情况的考研方案。借活动开展，考察考研学生的资料搜集能力、文献整理能力以及文字语言表达能力，并通过后续汇总形成一套行之有效的考研资料收集整理方法，以此为考研学生提供内容更加翔实、质量更加考究的考研资料库，为本次活动的顺利开展和考研工作的推进做出了积极贡献。定期开展考研心理辅导沙龙会，询问并解决考研学生在考研路上遇到的"学习""生活""家庭""学校"等方面的问题，活动开展时积极联系考研学子的家长，以此帮助考研学生减轻心理压力，增强心理调适能力，引导大家以更积极的心态快乐备考、科学备考。

邀请专业教师定期加入线上或线下考研自习室，为考研学生解答专业难题，与此同时，无形之中也为学生树立学习的榜样，让学生之间形成积极向上的学习风气，有助于形成良好的考研氛围。学生组织定期汇总分类备考学子提供的相关错题、难题、怪题，定期发布至备考群内定期公布答案。查缺补漏，让备考学子相互督促，提醒易错、易漏的知识点。在定期的党小组的交流会上讨论同学们的考研情况，并搜索整理相关时事政治资料教室成立，帮助同学们缓解考研压力；建立百度网盘考研专用账号，上传专业相关书籍资料及真题，供考研同学查阅；建立生物食品"研"途有你考研团队群，相关专业教师看到同学们的疑问后及时进行回复；定期开展以"时事政治"为主题的党课，为考研政治打下基础；邀请成功上岸的学长学姐为同学们传授相关考研经验；开展一些关于考研学风建设的宣讲，建立师生共用线上"研途伴你"自习室，师生互相激励共同学习。

【案例：生物与食品工程学院探索师生协同模式下学风建设特色品牌活动】

一、活动主题

"薪火"点燃梦想，"研"途修筑未来

二、活动背景

2023年全国硕士研究生招生考试于2022年12月24日到26日举行，全国报考人数为474万，比2022年增长17万，同比增长为3.6%。2022年比2021年增长80万，同比增长为21.22%，2021年比2020年增加了36万人，2020年考研报名人数比2019年增加了51万人。相关数据表明自2016年起，我国考研人数在高位上保持高增长趋势。

与考研人数增势不同的是，各大高校每年的招生数量增势较报考人数远远不够，2023年不到两成的录取率就是最直观的证明。研究生报名热度如此高涨，就业压力是导致其发生的重要因素。

而我校近三年毕业生升学、出国（境）留学人数占比较之前都有较大提升。基于我院毕业生就业主动性不强、就业能力亟待提升、普遍集中于考研升学的就业情况，我院多措并举"抓学风、强考研、促就业"，有效助力学子的深造梦，不断提高毕业生的考研录取率和录取质量以及提升学院的办学美誉度和社会影响力，切实提升我院就业水平，有效促进我校学子高质量就业。

三、活动目标与意义

1.活动目标

习近平总书记强调，研究生教育是国民教育体系的顶端，是推进人才强国战略和培养高层次人才的重要保障。通过积极构建全员、全过程、全方位育人的学风建设工作体系，推进"三联促三学"教育行动，精密考研指导工作，促使我院学子高起点谋划职业生涯，提升我院学子学习主动性和学习目的性，切实提升人才培养质量，实现考研质量、数量双提升。

2.活动意义

本次活动以"'薪火'点燃梦想，'研'途修筑未来"为主题，结合我院"三联促三学"教育特色，通过"教育教学联动增强'导'学""家校联动促进'督'学""朋辈联动促进'伴'学"活动的开展，营造更为积极向上的学习氛围，进一步坚定我院学子的考研决心，引导学生早立志，早规划，早行动。

四、研究的创新之处

（1）我院推行以学生党支部为依托，通过党课的形式教育的"薪火计划"，以"1+1+1伴你成长、伴你行"导师团队为中心，针对学生的个性差异，因材施教，尽早帮助学生树立正确的考研观念，找到符合自身的目标定位。

（2）我院积极为考研的同学开发考研小程序，让同学们更高效、更科学地复习，上传免费直播课堂、考研复习资料以及组建专业的教师团队进行在线答疑。

五、具体活动方案

全面铺设"三联促三学"教育模式。"三联"即为教育教学联动，家校联动，朋辈联动；"三学"为导学，督学，伴学。

（一）教育教学联动增强"导"学

1.开展"强国有我，勤奋好学，励志成才，考研必胜"主题活动

"三会一课"由学生党支部引导思政化学习，是由支部党员大会、支部委员会、党小组会、党课组成，通过定期开设党小组讨论会，可以实时了解同学们的考研情况，并分享近期相关时事政治资料；并通过定期开展党课，纠正考研同学有关政治学习的方向，打好考研信息差；另外，我院还新增形势与政策理论课程，使考研政治实现"普遍化"，降低我院学子后续考研入门难度。

2.开展"驰舟渡学海，'研'途破万浪"考研交流分享活动

"驰舟渡学海，'研'途破万浪"主题活动吸引我院考研学子广泛参与，通过主题演讲、幻灯片展示等形式，考察学生的资料搜集能力、文献整理能力及文字语言表达能力。参赛选手们在活动中表现优异，并不断探索、总结经验，积极收集整理考研相关资料，包括历年真题、复习资料、考研课程、报考流程等，形成一套行之有效的考研资料收集整理方法，为我院考研学子提供了内容翔实、质量考究的考研资料库，为本次活动的顺利开展和考研工作的推进做出了积极贡献。

（二）家校联动促进"督"学

1.定期开展"为心赋能，筑梦考研"心理辅导活动

定期开展考研心理辅导活动，询问并解决我院考研学子在考研路上遇到的"学习""生活""家庭""学校"等方面问题，活动开展时积极联系考研学子的家长，以此帮助考研学子减轻心理压力，增强心理调适能力，引导大家以更积极的心态快乐备考、科学备考。

2.开设"词"之以恒英语单词打卡活动

报名参加活动的同学加入相应微信群，使用百词斩、扇贝、不背单词等英语App，每天背诵不少于30个单词（包括节假日），然后完成打卡界面截图。准备考研的同学打卡背诵考研英语单词，且每天单词打卡的单词数必须达到30个以上方能记入本活动的活动次数之中。若没有满足30个单词，则打卡无效。坚持参与并完成单

词打卡的同学将按照最后背诵单词总数，评出一、二、三等奖和优秀奖，并在后期进行结果公示。获奖的同学可以获得相应的奖状。

（三）朋辈联动促进"伴"学

1.开展"'研'续青春梦，奋斗正当时"考研动员活动

通过开展考研大会，助力我院学子了解考研形势，坚定考研信心。鼓舞我院学子以更加积极的心态迎接考研征途，并邀请我院历届成功上岸的学长学姐录制其研究生在校学习生活，旨在通过朋辈支持，使我院预备考研或者考研决策不稳的同学对研究生院校有一个更为直观的了解，继而与自己期待的未来进行对比，以此坚定考研的想法，提高自驱力，真正意义上做到"为自己学，为自己考"。

2.定期开展"'研'途引航，赋能前行"专业辅导活动

邀请专业老师的定期加入线上或线下考研自习室，为我院考研学子解答专业上的难题，在此同时，无形之中也为我院学子树立了学习的榜样，让学生之间形成积极向上的学习风气，有助于形成良好的考研氛围。各专业考研志愿者依次进行每日一题讲解，收集制作成共享学习本，组织考前复习讨论和考后总结会，强化学习发展支持，切实解决学生在学习中的困难。

六、活动实施技术路线

活动实施技术路线如图4-4所示。

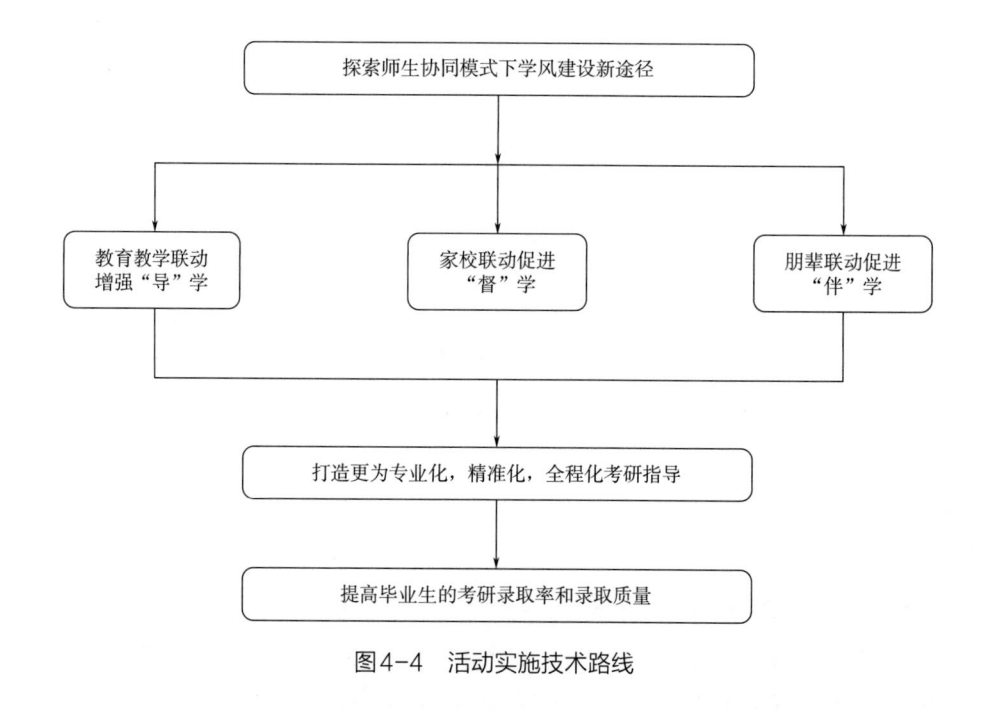

图4-4 活动实施技术路线

第四节
构建学生工作品牌建设评价体系

一、确定评价目标

高校学生工作品牌建设是对学生的一种素质教育，素质教育要求我们面向全体学生进行广泛的创新精神和实践能力的培养，培养学生的创造思维能力、辨别能力、预见能力、风险意识和心理素质。高校学生工作品牌评价不应只局限在学生的学习能力，更应评价学生的综合能力乃至个性的培养和提升。学生工作品牌评价归根结底要落实到学生的创新、实践、创造、就业、创业等能力方面，要体现出学生素质的提升与变化，指引学生工作品牌建设的方向。同时，高校学生工作品牌评价体系应具备良好的引导和激励功能，能够自觉运用所认可的评价指标和内容来调整行为，从而达到鼓励学生在感兴趣的领域自由发展，深入挖掘学生潜能的目的（图4-2）。

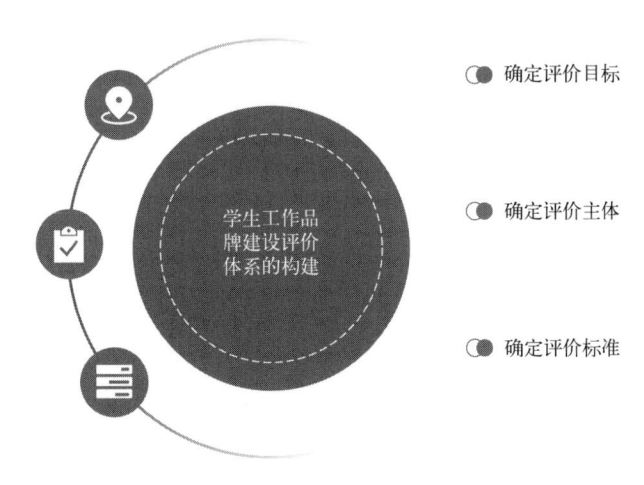

图4-2 品牌评价构建思维导图

二、确定评价主体

要科学、合理地评价学生工作品牌的质量，需要建立多元化评价主体，以最大的努力保证高校学生工作品牌评价体系的客观性和公平性，保证学生工作品牌活动的协调均衡发展。同时，将多种主体纳入高校学生工作品牌评价工作中来，也有助于调动这些学生工作品牌建设的相关主体在高校品牌活动中的积极性，确保其在高校品牌活动中的主体性地位。为了便于论述，在此将参与学生工作品牌建设评价的主体分为指导性评价主体、过程性评价主体和结果性评价主体三类。

（一）确定指导性评价主体

指导性评价主体是指在高校学生工作品牌活动中起指导作用，占据主导地位的主体。教育行政部门对学校教育质量具有监督权，把握国家高等教育发展的方向，从整体全局的角度审视高等教育发展的方向，从整体全局的角度审视高校学生工作品牌活动的合理性和统一性，在品牌活动中起重要指导作用。

（二）确定过程性评价主体

过程性评价主体主要是指参与高校学生工作品牌活动过程的主体，即教师和学生。教师作为教学活动的组织者，在日常工作中积极参与学生工作品牌活动，对整体高校品牌活动有最真实和具体地了解，因此应将其视为评价主体，以确保人才培养质量评价学生工作的专业性、具体性和真实性。

（三）确定结果性评价主体

结果性评价主体是指承担高校学生工作品牌活动结果的主体，主要包括社会评价、用人单位、家长等。将高校学生工作品牌活动的承担方作为评价主体，可以保证评价的多元与公正，客观及时地反映高校学生工作品牌活动的目标与社会需求的一致性程度。

三、确定评价标准

对高校而言，高校学生工作品牌建设，要在没有成熟的经验、没有评价体系的基础上推进品牌活动，实现"一院一品"或校级特色品牌，就需要通过具体实践来积累经验，反馈品牌建设效果。众所周知，受学校的规模、办学理念、办学方向等因素影响，即使在其他学校非常成功、非常受欢迎的品牌活动，在另一个学校照搬照抄也很可能失败。说明学生工作品牌要因校、因环境而定，不宜照搬照抄，说明学生工作品牌建设有很强的变动性。目前，主要缺乏的是对高校学生工作品牌的评价标准。通过学生工作实践我们认为，高校学生工作品牌评价标准的确定从以下七个方面考虑（图4-3）。

（一）独特性评价标准

在长期的办学过程中，高校学生管理工作逐渐形成了各自的学生工作品牌，这些品牌充分体现了高校的办学特色，营造了优良的学风，并培养出了具有特色的优秀人才。高校必须凝练出自己的办学特色，打造教学、管理、学科科研等方面的品牌。学生工作品牌作为办学特色的重要体现，应具有独特的特点，即本校特有，与其他高校的学生工作品牌有比较明显的差别。

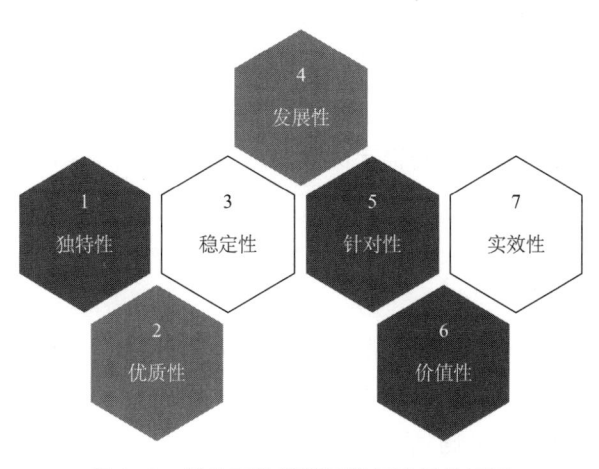

图4-3 学生工作品牌评价标准思维导图

（二）优质性评价标准

追求优质是高校学生工作品牌建设不可忽视的目标。学生工作品牌活动是否优质决定着是否更受学生欢迎、是否更有利于学生素养的提高，也决定着学生工作品牌能否在高校竞争中脱颖而出，获得更大的社会效应。因此，在评判高校学生工作品牌建设效果时，不可忽略对其优质性的衡量。

（三）稳定性评价标准

一个学生工作品牌的形成不是确定名称、办几场活动就可以的，而是需要经过长期的积累和凝练。从品牌创建到品牌建设运行的各个环节，都需要扎实推进，品牌调研、确定品牌目标、确定品牌定位等基础性工作要稳健落实，以打牢品牌建设的基础；品牌活动的策划和实施，也需要不断探索，不断磨合，寻找更加适合学生发展特点的方式方法和思路。虽然过程复杂，但有一些东西是需要贯穿始终，否则难以形成稳定、牢固的品牌形象。

（四）发展性评价标准

任何事物都是在不断发展的，尽管学生工作品牌在一个时期内发挥了积极的作用，随着社会的发展，学生管理工作已越来越不能满足学生及家长的需要，不能满足用人单位对人才的需求，因而学生工作品牌需要不断地改进、完善与创新，如此才能按照学校的办学规律培养合格的人才，推动学校的发展。因此学生工作品牌具有发展性的特点。

学生工作品牌在一定时期具有较强的稳定性，品牌育人效益在一定时期会完全显现出来，为学校的建设与发展做出较大的贡献。凝练"两化（活动项目化、内容微课化）并举"的特色品牌活动，实现职业师范院校"五爱"育人活动一体化。通过项目和微课两个品牌达到"价值塑造+知识传授+能力培养""三位一体"培育时代新人，创新学生思想政治教育教学工作新模式。项目活动立体化建设，围绕"五爱"育人理论研究，组建辅导员工作网络微课化建设、辅导员心理健康教育和大学生"五爱"教育辅导员工作室，共同开展相关课题研究，录制辅导员微课，以丰富的活动内容增强新时代爱国主义教育实效性。

（五）针对性评价标准

学生是学生工作品牌重要的受众群体。因此，学生工作品牌建设首先要满足学生的需求，获得学生的认可。所以，学生工作品牌的创立和优化，都要面向学生认真做好调查，有针对性地设立或调整品牌活动。对于各种制度的订立、活动的策划等，要经过反复论证，详细研究和分析学生的需求，有的放矢地进行规划和落实，建设更受学生欢迎和认可的品牌。

（六）价值性评价标准

价值是事物存在的前提和基础。高校的价值在于为社会培养和输送人才，为社会发展提供动力，高校学生工作品牌建设也应该以促进实现高校的价值为旨归，学生工作品牌建设是否有利于学生素养的提高，是否有助于为社会发展培养更优秀的人才，也是判断学生工作品牌建设成功与否的标准。

（七）实效性评价标准

学生工作品牌如何建设、建设成什么样子，不是高校领导或学生工作相关人员闭门造车想出来的，而是通过各方面的调查，发现学生的真正需求，并探索学生更容易接受的方式，针对学生的痛点解决问题。因此，对学生工作品牌建设进行评价，还要判断其有没有切实解决学生痛点问题，解决问题的方式是否被学生喜闻乐见，解决问题的效果如何等。

机械与车辆工程学院推行的"'三全育人'视域下'一站式'学生社区建设"项目（图4-4），此项目以学生公寓阵地为载体，以活动建设为依托，以文化育人为主线，围绕学生全面成长打造特色学生公寓文化，营造温暖和谐、宜居向上的公寓环境，丰富第二课堂文化活动，为学生搭建展示自我的个性化平台。学院将围绕思政教育、心理健康、宿舍建设与学生管理构建"一站式"学生社区服务体系，开展"宿舍文化艺术节""公寓图书漂流""公寓趣味心理游戏"等文化活动，以及"辅导员思想政治教育进公寓""优质毕业生"进寝室、打造特色主题宿舍等，与学生成长成才需要紧密对接，与学生专业发展紧密对接，在学科竞赛、科技创新等活动中深入浅出、潜移默化地渗透"五爱"育人的理念，在专业教学中夯实学生价值引领的思想基础，推进校园文化建设。

```
                    ┌─────────────────────────────────┐
                    │ "三全育人"视域下"一站式"学生社区建设研究 │
                    └─────────────────────────────────┘
                                    ↓
                          ╭───────────────╮
                          │   三全育人    │
                          ╰───────────────╯
                                    ↓
    ┌ ─ ─ ─ ─ ─ ─ ─ ─ ─ ─ ─ ─ ─ ─ ─ ─ ─ ─ ─ ─ ─ ─ ─ ─ ─ ─ ┐
        ┌──────────┐    ┌──────────┐    ┌──────────┐
    │   │思想政治教育│    │心理健康教育│    │宿舍建设管理│      │
        └──────────┘    └──────────┘    └──────────┘
    │        ↓               ↓               ↓           │
        ┌──────┐        ┌──────┐        ┌──────┐
    │   │党建领航│  +    │师生共融│  +    │成长成才│        │
        └──────┘        └──────┘        └──────┘
    └ ─ ─ ─ ─ ─ ─ ─ ─ ─ ─ ─ ─ ─ ─ ─ ─ ─ ─ ─ ─ ─ ─ ─ ─ ─ ─ ┘
                                    ↓
                ┌─────────────────────────────┐
                │ 引领思想价值教育  推进校园文化建设 │
                └─────────────────────────────┘
```

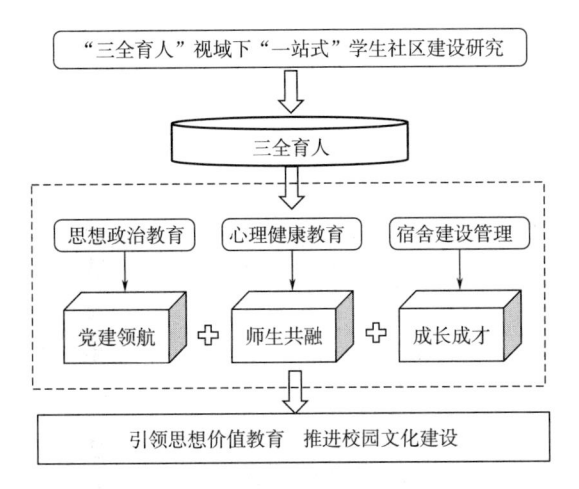

图4-4　机械与车辆工程学院"三全育人"研究体系思维导图

【案例：项目式心理班会在"00"后大学生班级建设中的实践与探索特色品牌活动】

——电气与信息工程学院为例

大学生主题心理班会作为高校心理健康推广较为基础和有效的教育形式，作为班级建设的强有力阵地，由于其覆盖面广、实施度高、延展性宽，导向性强，不仅是辅导员对班级心理健康管理的重要形式，更是进行大学生心理健康教育的主阵地，是促进大学生心理健康教育有效的抓手，也是积极开展班级建设，促进大学生思想政治教育的有益助手。围绕"00后"学生心理健康需求，借助项目式心理班会平台，运用多种方式，促进"00后"心理健康水平提升，推动班级建设。

一、活动主题

开展"项目式"主题班会　促进学生心理健康成长

二、活动背景

习近平总书记在全国高校思想政治工作会上，强调要培育理想平和的健康心态，加强人文关怀和心理疏导。在党的十九大报告中，习近平总书记明确提出要"加强社会心理服务体系建设，培育自尊自信、理性平和、积极向上的社会心态"。高校思想政治教育是以人为本、以促进大学生的发展为目的的教育活动。随着"00后"大学生群体比例逐年提高，这一群体中显现出的心理问题越来越受到家长、学校和社会的普遍关注，他们在心理适应、学习认知、人际交往等方面不同程度地存在心理健康隐患。如何制订切实可行的教育对策，提高"00后"大学生心理健康教育的水平，利用合适的平台在"00后"大学生班级建设发挥应有的作用，已经迫在眉睫，刻不容缓。

三、活动目标与意义

（一）探索心理健康工作"新载体"，扩宽高校班级建设新路径

目前的心理班会形式普遍是"一言堂"或"应付式"形式，导致整个心理班会流于形式，缺乏活力，无法真正发挥心理班会的作用。通过实施项目式心理班会，把每一次的心理班会当作"项目"，通过策划—分组—展示—总结四个阶段开展，促进学生的情感交流和内心体验，从而实现"知、情、意"的提升，对于增强班级的凝聚力，提升大学生团队协作精神，拓宽高校班级的建设提供了新的探索之路。

（二）依托项目式心理班会，打造心理班会多样化形式，提升心理健康水平

项目式心理班会将心理健康教育的理念引入主题班会，根据学生心理特点，使用团体心理辅导的方法和技术，激发大学生的内在主动性，让学生可以在自由、安全的心理氛围中释放心理压力，更快地提升班级学生综合能力，增强班级弱势群体在班级内的适应力，促进其自信心的回归。

（三）通过项目式心理班会的开展，加快辅导员管理班级"专业化"进程

当前"00后"个性突出的特点使他们更崇尚一种自由的学习氛围，他们更愿意接受参与性高的、感受性强的体验式的教学方法。"00后"学生的辅导员必须与时俱进，不断提升自己，把先进的教育和管理方法引入心理班会不断改进心理班会的模式和方法，以满足"00后"心理健康的需要。借助"项目式"心理班会的契机，加快辅导员管理高校班级"专业化"的进程。

四、创新与特色

项目式心理班会从全新的视角审视高校学生开展心理班会的现状，结合传统心理班会的优势，将每期心理班会以"项目"的形式，"承包"给某一个小组，通过策划—分组—展示—总结四个阶段开展心理班会。小组成员在策划、分组、展示、总结的四个阶段中大大加强"00后"学生的团队协作能力、心理综合素质，推进了班级内部建设。

五、活动流程

项目式心理班会立足"00后"大学生心理发展规律及心理状态，通过"项目式"形式，帮助学生解决心理困惑、提升团队协作能力，促进学生心理健康成长。同时，帮助高校辅导员掌握心理班会的育人特点和功能，通过对项目式心理班会研究，促进班级建设管理，提升大学生思想政治教育管理能力。从实践出发，研究项目式心理班会在"00后"大学生班级建设中的运用，构建高校心理班会新模式，可以从开展前、开展中、开展后着手。

（一）项目式心理班会开展前

在项目式心理班会开展前，确定项目式心理班会管理制度。成立以辅导员为组长，心理委员为副组长，班级班委为成员的心理班会管理委员会。统一编撰专业心

理班会管理办法，包括人员分工、现场评分细则、奖励细则、检查细则、心理班级经费、心理班会汇报、总结制度等。辅导员召开项目式心理班会动员大会，需先召开班委动员大会，听取班委们意见，进一步完善项目式心理班会形式和制度。召开专业学生动员大会，讲解召开项目式心理班会的意义、目的、相关管理奖励制度，为后期项目式心理班会开展做好充分的思想动员工作。

开展项目式心理班会的培训工作，项目式心理班会的培训工作主要由班级心理委员来负责。为了调动学生的积极性，确保心理班会顺利开展，需对参与班级班委进行主题为《心理班会开展的意义及具体流程》《"角色扮演"在心理班会中的运用》《团体小游戏在心理班会中的运用》《心理班会实操展示》的培训内容。通过这些培训，让班委了解心理班会开展的流程，具备开展项目式心理班会的基本能力，确保心理班会的顺利开展。

（二）项目式心理班会开展中

项目式心理班会的主题选择。当前大学生的心理困惑主要体现在社会适应、学习障碍、情绪调节、自我探索、个人成长、亲密关系、生涯规划、人际关系等方面。所以，项目式心理班会的主题选取要根据学生常见的心理问题和学生所在的不同年龄阶段需求来定。如大一学生可以选择"社会适应""认识自我""生涯规划"为主题的项目式心理班会；考前可以开展"学习障碍"为主题的项目式心理班会，让学生正确看待大学里的每一场考试，降低考试焦虑的风险。总之，结合大学学期的特点以及"00后"学生的心理需求，重点围绕以解决学生"适应、学习、情绪调控、亲密关系、人际关系、认识自我、生涯规划、考试焦虑、压力应对"等相关主题的项目式心理班会。

项目式心理班会的物质采办工作由本期项目小组组长负责。项目式心理班会参会人员需提前5分钟到达心理班会现场。项目式心理班会负责当期项目现场布置的成员提前30分钟到达心理班会教室进行现场布置，根据每期主题布置不同的会场。包括多媒体设备的调试、PPT的试放、黑板内容的撰写、互动环节的道具、人员准备。主持人负责把握好互动环节的提问、游戏的时间，其他成员负责拍照、学校心理班会检查、现场突发事件的处理，确保项目式心理班会能在规定的30~40分钟内完成。

（三）项目式心理班会开展后

做好每期项目式心理班会的汇报工作。由心理委员开展前和开展后跟辅导员汇报相关情况，辅导员做好项目式心理班会的最后审核工作。每期项目式心理班会开展前，项目小组组长将策划书、PPT及相关项目式心理班会活动流程交于辅导员审核，确保心理班会能顺利开展。

项目式心理班会结束后，本期项目小组负责人需将本期的策划书、PPT、现场照片、心理班会总结的电子档和纸质材料交予班级心理委员存档,做好资料保存工作。辅导员及时做好所带学生整个专业的本期项目式心理班会相关资料的汇总;并组织定期做好项目式心理班会交流分享会,总结经验和成果,促进项目式心理班会的不断改进和完善。

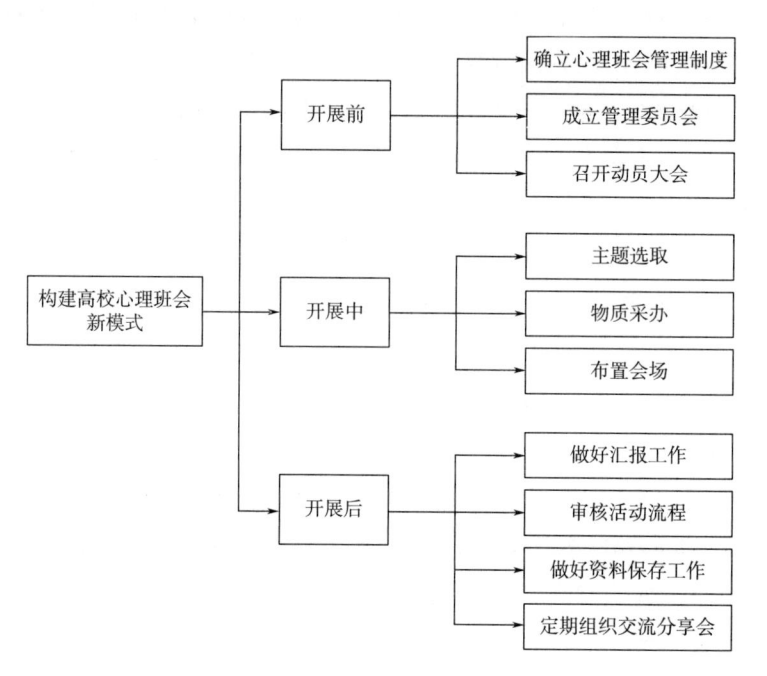

六、活动实施技术路线

活动实施技术路线如图4-5所示。

```
构建高校心理班会新模式
├─ 开展前
│   ├─ 确立心理班会管理制度
│   ├─ 成立管理委员会
│   └─ 召开动员大会
├─ 开展中
│   ├─ 主题选取
│   ├─ 物质采办
│   └─ 布置会场
└─ 开展后
    ├─ 做好汇报工作
    ├─ 审核活动流程
    ├─ 做好资料保存工作
    └─ 定期组织交流分享会
```

图4-5 活动实施技术路线

第五节 "五爱"教育学生工作品牌建设评价体系

"五爱"教育学生工作品牌开展以来,已经不断取得扎实的育人成效。在开展过程当中对学生的成长成才起到了重要的助推作用,同时对于相关教师队伍建设也起到了重要的培养作用。工作的开展完成闭环,就需要完善的评价机制,积极结合"五爱"教育工作品牌搭建评价体系。

一、"五爱"教育学生工作品牌的评价原则

在充分结合相关理论与其他高校的工作品牌的评价体系建设之后,结合"五爱"教

育工作的开展情况与实际需要，明确了"五爱"教育学生工作品牌的评价原则，主要包括以下三个原则。

（一）全面性评价原则

"五爱"教育学生工作品牌涵盖五个方面，即爱国、爱党、爱校、爱家、爱己。五个方面是全面系统的育人模式，因此在开展评价体系的过程当中，重视全面性的工作评价，不只是单独一方面突出，而是全面性地考量"五爱"教育的成果。全面性的评价原则是综合考量学生工作开展情况的重要原则，立足"五爱"教育这一原则要求，从多个角度、多个方面对辅导员的工作进行评估，以得出一个全面、客观的评价结果。首先，基于"五爱"教育全面关注学生的工作内容。如何利用"五爱"教育开展工作必须从学生的思想引导、学业辅导、生活指导等多个方面对辅导员的工作进行全面性的评价。其次，还要考虑学生工作在开展"五爱"教育的过程中的工作方法和效果。工作方法和效果直接关系到学生的学习效果和成长。因此，应该从工作方式、工作效果等方面进行评价，以了解"五爱"教育开展过程中的工作是否符合学生的需求，是否能够达到预期的效果。因此，我们应该从学生工作者的职业素养、个人品德、沟通能力等多个方面进行评价，以了解他们是否具备从事学生工作的能力和素质。

我们应该从多个角度、多个方面对学生工作进行评估，以得出一个全面、客观的评价结果。只有这样，才能更好地了解"五爱"教育的工作开展情况，更好地发现问题、解决问题。

（二）差异性评价原则

在"五爱"教育的日常工作开展过程中就紧密结合各学院特色。分为九个学院，分别是机械与车辆工程学院、电气与信息工程学院、艺术与设计学院、教育科学学院、新闻与出版学院、经济与管理学院、生物与食品工程学院、数据科学与人工智能学院、国际教育学院。九个学院在学生基本情况、所学专业、男女比例、学院人数等相关指标上均有较大差异，在进行"五爱"教育学生工作品牌的评价过程中一定不能采用一套固定的评价标准，而应该采取差异性原则。

在高校内开展教育学生工作品牌评价体系应该注意差异性。在评价不同学院的学生工作时，要根据每个学校的办学特色、教育理念、学科专业等特点，制订不同的评价标准，以确保评价结果的客观性和准确性。对于综合性高校，应该注重评价其学科覆盖面、教学质量、科研实力、国际化程度等方面。对于专业性高校，应该注重评价其专业特色、实践教学、校企合作等方面。对于职业类高校，应该注重评价其职业特色、实践教学、校企合作、就业率等方面。此外，在制订评价体系时，还应该考虑不同类型的学生工作之间的差异。总之，在高校内开展学生工作品牌评价体系应该充分考虑差异性，制订科学合理的评价标准，以促进高校学生工作的持续改进和发展。

（三）实践性评价原则

"五爱"教育在活动创立之初就非常重视内容的实践性，"五爱"教育作为学校品牌学生培养工程，促进理论学习与实践学习相结合是重要评价原则。因此强调要将"五爱"教育落到实处，必须坚持实践性原则，考核实践成果。在爱党教育这一方面除了理论教学，还要考查学生实践的其他成果，如征文比赛、爱党主题的主题活动、党史知识竞赛等内容，作为评价爱党教育落实的实践性内容。在爱国教育方面，根据每个学院的实际情况，汇总学院成果。例如，用手机拍摄美丽家乡的视频、爱国主义故事分享会等内容，来衡量各学院完成的情况。在爱校教育方面，主要是以劳动教育与校史教育等内容相结合的形式，通过寝室卫生评比、校园志愿者服务活动等形式对爱校方面进行评价。对于爱家的实践评价标准，主要是明确"三个一"的评价标准，要引导学生形成孝亲之风，"三个一"即一天给父母发一条微信、一周至少打一次视频电话、一学期给父母至少洗一次脚。将爱家教育以"三个一"的工作思路布置下去，通过掌握学生实践情况作为严格的考核标准。对于爱己教育主要是依靠开展安全教育主题班会、寝室走访、开展卧谈会、与学生共同用餐等实践内容作为考核标准。总体来说，实践性原则贯穿了"五爱"教育学生工作的始终，必须要通过实践检验工作的开展情况才能更为客观。

结合"五爱"教育学生工作品牌的开展，总结出在高校开展品牌活动的过程中，实践性是一个非常重要的因素。如果活动只注重形式而忽略了实践，那么它的效果就会大打折扣，无法达到预期的育人效果。因此，高校在策划品牌活动时，必须注重实践性，让学生能够真正从中受益。例如，组织学生参加一些具有挑战性的户外拓展活动，培养学生的团队协作能力和创新意识。或者，开展一些具有实际应用价值的实践活动，如社会调查、志愿服务等，让学生能够将所学知识运用到实际生活中，提高他们的社会责任感和实践能力。此外，通过与外界合作的方式，开展一些具有行业影响力的品牌活动。比如，举办一些高水平的学术论坛、文化节等活动，邀请业内专家学者前来交流，让学生能够接触到前沿的学术动态和行业趋势，拓宽他们的视野和知识面。总之，高校开展品牌活动必须注重实践性，将实践性原则作为衡量学生工作品牌的重要原则，这样才能让学生工作活动落到实处。

二、"五爱"教育学生工作品牌的评价体系建设

（一）确定评价主体

某校在开展"五爱"教育学生工作以来，经过不断的完善和摸索，探索出了合理化

且精准的评价主体。评价主体的确定是推动"五爱"教育学生工作不断深化的前提，只有找准评价主体，建立起激励制度，才能让品牌持续发挥影响力。

"五爱"教育的评价主体主要有三方，三方协同评价，共同发挥育人功效。三方分别是专业教师、思政辅导员及学生，凸显教师与学生双主体，做到参与其中的人均能进行评价覆盖。这样的评价主体设定有三点优势：一是有助于三方加强沟通与协作，共同发力推进"五爱"教育的新成效。二是作为三方协同育人机制的策划者，专业教师、思政辅导员以及学生家长代表共同构成了三方协同育人执行组。他们不仅是协同育人机制的主要策划者和设计者，同时还肩负着指导、监督和评估该机制实施情况的职责。三是直接实施三方协同育人机制的是学生，作为直接服务对象和关键主体，参与并受益于该机制。同时，需要邀请教育专家和教育科研机构等主体参与高校协同育人的评价工作。

（二）厘清评价思路与方法

建立学生工作品牌的评价体系，还必须建立起清晰的评价思路与方法，只有思路明确，才能起到推动协同育人机制不断完善的作用。

在开展的"五爱"教育学生工作当中，首先是采用形成性评价与终结性评价相结合的评价方式。形成性评价和终结性评价的结合是一种全面的教育评价方式。在这种评价方式下，开展"五爱"教育的学生工作管理者可以通过形成性评价来了解工作开展的进度和困难，及时调整工作策略，提高师生落实"五爱"教育的效果。同时，终结性评价可以反映"五爱"教育工作相关参与者在一定时间段内的成果和水平，为参与到其中的教师与学生提供反馈和改进建议。具体来说，形成性评价通常包括参与度、测验、调查报告等，这些评价可以及时给出反馈，帮助管理者与评价者了解工作的开展状况，而终结性评价则包括考核、比赛等，这些评价可以反映"五爱"工作参与者阶段性的成果和水平。

其次是采取定性评价与定量评价相结合的评价方式。在对"五爱"教育工作落实与开展的评价过程中，我们不仅需要考虑到各种因素，还需要根据不同的评价目的和评价对象选择合适的评价方法。定性评价和定量评价是两种常见的评价方式，它们各有优缺点，分别适用于不同的场景。定性评价是指通过观察、分析、归纳、演绎等非数量化的方法对研究对象进行价值判断的过程。定量评价则是通过数学模型和统计分析等数量化的方法对研究对象进行价值判断的过程。因此，在实际操作中，首先是建立综合评价指标体系。在评价指标体系中，既包括可量化的指标，也包括不可量化的指标；既包括主观因素，也包括客观因素。通过加权平均或模糊综合评价等方法对各个指标进行综合评价，得出最终的评价结果。例如，引入爱家教育的"三个一"执行情况，就是通过数据量化，而针对爱党教育的评价系统更多是通过学生的反馈，以此相结合。同时引入了多元评价主体,"五爱"教育的不同评价主体能够提供不同的信息和观点,从而更好地反映被评价对象的实际情况,这也是定性评价与定量评价相结合的过程。"五爱"教育的评价开展实证研究,通过开展实证研究,收集实际数据和案例,对工作开展和完成情况进行深入分析和解释。总之,吉林工程技术师范学院在开展"五爱"教育过程当中所采取的定性评价与定量评价相结合的评价方式,是实现全面、准确、可靠的教育评价的重要途径。而在实际操作中,需要结合具体的情况和需求选择合适的评价方法和技术,以充分发挥综合评价方式的优点和优势。

再次是纵向评价与横向评价相结合的评价方式。"五爱"教育工作的参与人员众多,覆盖范围广泛,因此需要从多个角度进行考量。纵向评价主要关注"五爱"教育学生工作品牌相关工作的实施前后的效果比较和评估,以更直观地了解协同育人的实际效果;横向评价则侧重于比较高校之间、高校内院系之间、高校内部门之间的相关工作开展情况和相关成效,通过这种方式更容易发现"五爱"教育学生工作存在的问题或者具有显著效果的方式方法,从而不断完善"五爱"教育工作。

最后是交互评价与自我评价相结合的评价方式。交互评价与自我评价在"五爱"教育工作品牌中扮演着重要的角色。参与者们需要相互评价,以了解自身在教育工作中的长处和短处,以及需要改进的地方。同时,需要进行自我评价,以了解自己的表现和成果,从而更好地指导未来的工作。在进行交叉评价时,参与者需要相互观察、交流和分享。需要倾听他人的意见和建议,同时也需要提出自己的看法和想法。这种评价方式有助于参与者们更好地了解自己的不足之处,以及需要改进的地方。在进行自我评价时,参与者需要对自己的表现和成果进行评估,需要反思自己的工作方法和策略及自己的表现和成果是否符合预期。总之,"五爱"教育工作品牌的参与者需要进行交叉评价与自我评价,以更好地了解自身的表现和成果,以及需要改进的地方,同时也能够促进他们的个人成长和发展。多方形成合力,通过评价机制的建设,让"五爱"教育品牌持续为育人工作注入动力。

【案例:新闻与出版学院协同视域下就业创业育人路径特色品牌活动】

为全面贯彻落实"立德树人"根本任务,促进"三全育人"与就业创业教育进一步融合,结合新闻与出版学院"五爱教育"及专业发展特色,以提升学生就业创业能力为主要目标,紧密结合社会、学校和学生发展实际,面向学院全体学生举办2023年"就业创业文化节"系列活动。

将就业创业教育与思政教育、专业教育深度融合,借助校园活动载体,在较长的一段时期内,全面宣讲就业创业相关政策、知识和实用技巧,让就业创业元素成为大学生文化生活的重要内容。通过开展系列活动,提高学生了解就业创业的主动性,促进双向有效沟通,营造创新创业良好氛围,以就业促进学业,以学业引导就业，提升"五爱教育"育人成效。激励广大学生增强发展自信，科学规划发展路径。

一、活动主题

建功有我　不负韶华

二、活动背景

就业是最大的民生，是社会稳定的重要保障，为促进高校毕业生就业工作，稳定就业大局，从中央到地方都出台了一系列政策，并逐渐释放出良好效能。党的二十大报告指出，高校毕业生是国家宝贵的人才资源，是促进就业的重要群体。作为高层次人才培养第一线的高等学校，需要紧密结合实际，创新思路举措，千方百计促进高校毕业生多渠道就业创业。吉林省作为教育大省和东北老工业基地振兴的重要引擎，承载着广大吉林青年的就业创业梦想，青年群体的全面发展为社会发展注入了强大的创新力和可持续力。我校作为以培养职业教育师资为主体的应用型高等院校，高度重视毕业生实践能力和综合素质的培养质量。在就业创业教育方面成效颇丰。

立足新时代社会主义建设视角，大学生就业创业能力的良好塑造与有效提升是促进社会创新力发展的有力举措，2022年11月，教育部在《关于做好2023届全国普通高校毕业生就业创业工作的通知》中明确要求，深入推进就业育人，建设高质量就业指导服务体系，全面加强就业指导，健全完善分阶段、全覆盖的大学生生涯规划与就业指导体系，为学生提供个性化就业指导和服务。所谓协同视域，就是把思政教育、专业教育、与就业创业教育紧密联系起来，博采众长，助力大学生全面发展，本次研究即在协同视域下探索就业创业教育新路径和新方法，扎实推进"三全育人"工作，以就业创业教育为主题，让思政教育深入人心，让专业教育融入生活，力争全面提升就业创业教育水平。

三、活动目标与意义

（一）活动目标

深入学习贯彻党的二十大精神，发挥思政教育、专业教育特色，紧紧围绕"三全育人"理念，全面贯彻落实大学生创新创业的相关政策和文件精神，以学生活动为切入点，以思政教育、专业教育、就业创业教育协同育人为着力点，以提高学生就业创业能力为落脚点，举办2023年"就业创业文化节"系列活动，宣传国家和各地区的就业政策。通过学生活动增强教育的感染力，提高学生的主动性，丰富就业创业教育基本内涵，推动就业创业教育融入学生生活，引导学生合理规划个人发展路径，增强发展信心，树立良好的就业创业观念，提升就业创业能力。通过协同育人模式，围绕就业创业教育，积极发挥思政教育和专业教育的独特优势，助力学生全面发展。

（二）活动意义

协同育人是"三全育人"的重要组成部分，是全方位育人的有效手段，思想政治教育能够帮助大学生树立"干实事、干大事"的观念，是塑造就业观和人生观的有效途径。专业教育是大学教育的主要组成部分，主要培养学生的专业技能、专业水平，为社会现代化、科技化提供原生力量，两者与就业创业教育深度融合，促进优质教育资源共享，高质量实现学生的全面发展。

四、创新与特色

（一）研究方法创新

以学生活动为载体，全面采用田野调查法，通过问卷调查统计、谈心谈话、学生自撰心得体会等形式检验系列活动成效，从而指导协同视域下就业创业育人路径规划，并基于学生的真实反响，探索协同视域下就业创业育人的基本内涵、主要目标和重要意义。

（二）研究内容创新

将思政教育、专业教育与就业创业教育融合，百花齐放，博采众长，将"三全育人"理念贯穿就业创业教育全过程，将立德树人作为教育的根本遵循。丰富就业创业教育基本内涵，促进各学科教育密切配合，协同育人，为培养社会主义合格建设者和可靠接班人贡献多元力量。

（三）研究视角创新

通过"三全育人"教育理念、思想政治教育、专业教育和就业创业教育相结合的视角，阐述协同视域下高校就业创业育人的现实路径，并基于协同教育模式，充分发挥就业创业教育的内在潜力，提高就业创业育人水平。

五、具体活动流程

"就业创业文化节"系列活动由两大主题活动和六个分支活动组成。根据学生学习阶段和总体发展阶段，开展"建功立业新时代"和"就业创业我先行"两大主题活动，并根据不同学生群体的特点，在不同时期针对考研、政策性岗位考试、技能提升、创新创业、参军入伍和就业创业心理六大方面开展"研途有我，志在四方""扎根基层，服务人民""一专多能，勤学自强""创业先锋""热血青年进军营"和"家校同心，伴你成长"六个分支活动，全面贯彻落实"立德树人"根本理念，结合学生成长实际，科学合理划分学生群体，为就业创业精准施策提供有力保障。"就业创业文化节"系列活动均邀请专任教师、优秀校友、参军青年与学生互动交流，将思政教育、专业教育和就业创业教育深度融合，使就业创业教育入脑、入心、聚人气。具体活动安排如下：

（一）"就业创业我先行"政策宣讲活动

大学生就业创业需要紧密结合国家相关政策和社会发展实际，持续学习相关政策法规。就业政策代表了国家意志，是国家鼓励就业创业的重要手段，一系列就业创业政策可以帮助求职者树立明晰的就业方向，在国家和社会最需要的地方和领域建功立业，为更好结合学生实际，使就业创业政策宣讲更亲和，更易于接受，特开展"建功立业新时代"政策宣讲活动。

1.开展就业创业政策学生宣传员招募活动

为了更好发挥同辈帮扶作用，尽最大可能拓展就业宣讲受众面，培养就业创业政策宣讲小能手，使学生在进行政策宣讲的同时不断地深入理解相关政策，实现个人的成长。学院招募以党员、学生干部、寝室长和参军入伍学生为主体的政策宣讲团，在班会、操场、学生寝室宣讲就业创业政策，积极发挥自身专业优势，拍摄就业创业政策宣传小视频、公众号推文，利用新闻与出版学院强大的融媒体制作平台广泛宣传，提升就业创业政策宣讲效果。

（1）选拔范围：从学生党员、学生干部、寝室长和参军入伍学生以及参与活动较为热情的学生中选拔，已经毕业的优秀学长学姐如能参加宣讲，优先考虑。

（2）基本条件：热爱祖国，拥护中国共产党的领导；遵守宪法和法律，遵守学校规章制度；诚实守信，道德品质优良；责任心强，乐于助人；有耐心、善于倾听，并富同情心；有一定沟通能力；有志于发展自我，服务他人。

（3）工作职责：认真学习领会国家和吉林省就业政策，建立政策宣讲台账，结合所在年级的学习阶段，探索分层次，分领域政策宣讲方法，在新生入学季、毕业季、求职黄金期集中开展宣讲，主要内容包括创业政策、参军入伍政策、就业创业法规等。

积极做好宣传，充分利用学院新媒体平台，撰写制作政策宣传稿件及图文和视频，及时关注国家和省市最新就业政策。

做好学生与学校之间的第一道沟通桥梁，帮助同学理解相关就业政策，解答基本问题，并引导学生与辅导员老师和专任教师进一步沟通，更好实现其个人成长。

2.开展就业创业政策知识竞赛活动

为了激励广大学生更好地了解就业政策，帮助大学生更好寻找自身的就业目标，全面了解和把握参军入伍、留省创业等相关优质政策资源，顺应社会发展形势，特举办就业创业政策知识竞赛活动。

（1）参赛对象：全院各班级推荐二人参赛，组成班级团队。

（2）比赛内容：就业创业政策知识竞赛涉及内容包括参军入伍政策、留省就业创业政策、各地区就业优待政策、西部计划、特岗教师、"三支一扶"政策等相关文件和精神。

（3）比赛形式：

初赛环节：采取试卷作答的方式。以每支队伍的平均成绩为依据，选拔前十支队伍进入决赛。

决赛环节：采取现场答题的方式。分为抢答环节和闯关环节，依据答题情况进行分数认定，并形成排名。

3.开展就业创业情景剧大赛

为了创新就业创业政策宣讲形式，提高学生的积极性，促进就业创业教育与大学生日常生活相融合，使知识更加深入人心，特举办就业创业情景剧大赛。

（1）参赛对象：面向全体学生，1~2个班级为一个剧组。

（2）比赛内容：以校园情景剧为主要呈现载体，充分借鉴真实案例进行表演，以反映大学生在求职期间的心理活动状态。

（二）"建功立业新时代"思政教育活动

1.举办"伟大事业 伟大梦想"专题就业创业教育讲座

为了不断深化就业创业教育理论深度和实践广度，实现创业教育与社会发展环境的有效联结，提升专业教育和创业教育的时代属性，特邀请专业教师、优秀校友、创业新秀等相关人士举办"伟大事业 伟大梦想"专题就业创业教育讲座。

（1）活动对象：面向有创业意愿的学生。

（2）活动内容：紧密结合专业教育和人才培养方案，针对不同学段的学生，辅助其了解并分析当下行业和社会发展形势，根据专业属性为广大学生提供合理的发展建议和发展方向。

2.开展"青春心向党 建功新时代"主题征文评选活动

（1）活动对象：新闻与出版学院全体学生。

（2）活动目的：深化政治理论学习，帮助学生深刻领会伟大成就和伟大梦想。强化组织认同，增强学生服务社会的责任感和使命感，切实提高思想政治素养，提升就业创业主动性和积极性。强化仪式感召力，通过此类活动，号召青年学生不忘初心、牢记使命，积极投身新时代中国特色社会主义建设。

（3）活动奖励：学生个人参赛，设置一、二、三等奖，优秀征文将推荐参加省市相关活动，所有参赛作品集成为征文集，方便更多同学阅读和了解。

（三）六大分支活动

1."研途有我，志在四方"学风建设活动

为全面贯彻落实学校关于开展学风建设工作的总体部署和要求，深入推进学院学风建设工作，引导学生树立正确的学术理想和信念，全面提升我院学生的学术素养，特举办"研途有我，志在四方"学风建设活动。

（1）活动对象：面向有考研意愿的学生。

（2）活动内容：邀请往届考研成功的学长学姐进行考研经验分享，辅助制定个性化学业规划，以学院优质科研平台为依托，邀请校内外研究生导师不定期开展学术讲座。

2."扎根基层，服务人民"政策性岗位主题宣讲活动

政策性岗位招聘是青年学子投身社会主义建设的良好机遇，是青年人施展才能的绝佳平台，为了更全面地宣传政策性岗位招聘及考试的基本流程和知识，引导学生到祖国最需要的地方建功立业，特举办"扎根基层，服务人民"政策性岗位主题宣讲活动。

（1）活动对象：面向学院全体学生。

（2）活动内容：分为招聘情况解读、政治理论宣讲、先进事迹陈述、应试经验与技巧四大板块，邀请往届公考成功学生、行业讲师、校内外思政教师等专业人士进行宣讲。引导大学生群体了解基层、向往基层，立志服务基层，促进高质量就业。

3."一专多能，勤学自强"专业技能提升策略主题活动

我校作为应用型本科师范类高校，始终将专业技能的培养作为人才培养的重点，专业技术能力是学生参与社会生产实践活动的重要价值体现，为了引导更多学生学好技能、钻研技能，形成"人人有技能　处处学技能"的良好氛围，特举办"一专多能，勤学自强"专业技能提升策略主题活动。

（1）活动对象：面向学院及校内想从事新闻媒体行业工作的学生。

（2）活动内容：邀请我院"全国技术能手"荣誉称号获得者及团队做专业技能成长经验分享，邀请学院相关实验室和教研室主任针对不同细分领域进行简要介绍。

4."创业先锋"创新创业主题教育活动

创新创业教育是面向学生的教育、面向社会的教育，身处象牙塔的大学生对于创新创业知识的获取来源主要在课堂中，自身创业实践机会较少，试错成本较高，为了向有创业意愿的同学更好地提供专业指导，呼吁更多学生创业，积极搭建"第二课堂"平台，特举办"创业先锋"创新创业主题教育活动。

（1）活动对象：面向全校各专业学生。

（2）活动内容：邀请往届创业成功学生开展创新创业经验分享，邀请负责就业工作的相关教师做创新创业政策宣讲，活动过程中注重学生间的交流互动，让思维的融合汇聚成强大的团队，造就不平凡的成绩。

5."青年先锋"征兵宣传主题教育活动

为了全面贯彻落实国家及地方各级部门对于大学生参军入伍工作的通知要求，进一步号召广大青年参军报国，提升入伍政策宣传效果，特举办"青年先锋"征兵宣传主题教育活动。

（1）活动对象：面向具有入伍意愿及意向报考军队文职的学生。

（2）活动内容：邀请退役大学生士兵作主题宣讲，邀请武装部相关教师或工作人员作入伍最新政策解读。

6."家校同心，伴你成长"就业创业心理辅导主题活动

大学生就业思想动态是做好就业创业工作的重点，是就业创业教育个性化、精准化教育模式的重要主体，为进一步做好大学生心理健康教育，结合就业创业教育工作，特举办"家校同心，伴你成长"就业创业心理辅导主题活动。

（1）活动对象：家庭困难、就业困难及存在其他方面困难的学生。

（2）活动形式：以辅导员为主体，以往期心理教育工作和就业工作相关数据为依托进行一对一或群体辅导，注重保护学生隐私，在辅导过程中侧重于对就业创业能力和发展规划方面的辅导，形成谈话记录，提炼问题，邀请相关教师为广大同学分析解读。

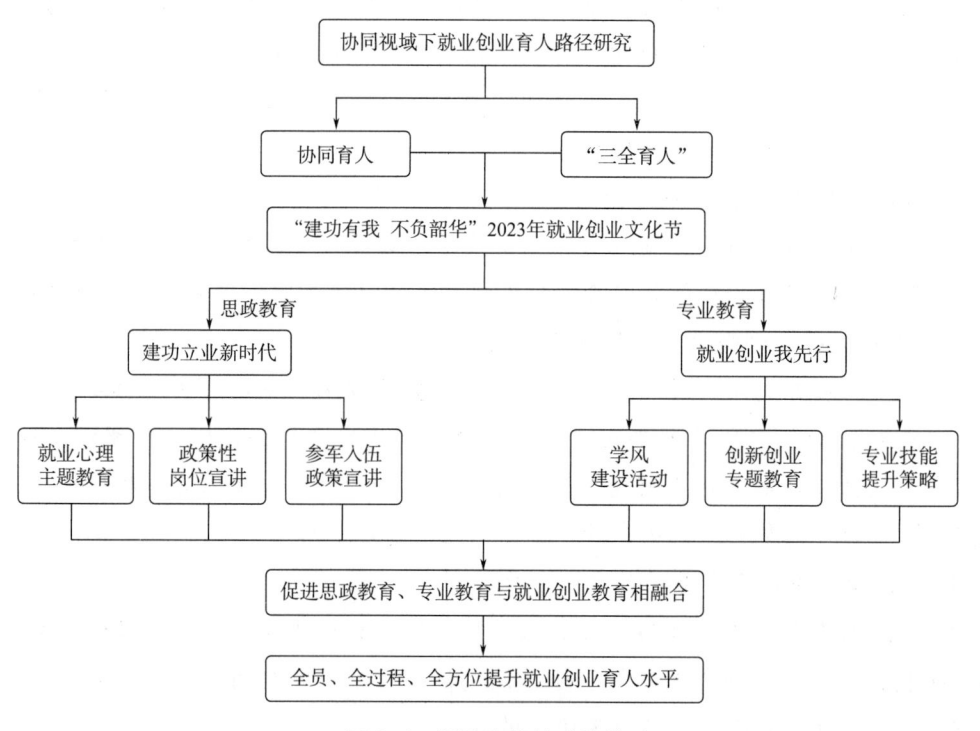

六、活动实施技术路线

活动实施技术路线如图4-6所示。

图4-6 活动实施技术路线

七、活动经验与启示

就业创业教育是一项长期的工作，在协同视域下，将各教育形式与就业创业教育结合起来，有利于更好落实"全方位育人"的工作要求，打破各教育形式之间的隔阂，博采众长，近年来，学校和学院高度重视"三全育人"工作，不断创新就业创业教育形式，学科建设取得新成效，专业知名度不断提高，下一步，我院将继续结合专业发展特色，使就业创业工作更有深度，更有温暖，取得更大的成效。

参考文献

[1] 申洪冰. 高校继续教育品牌建设研究——以Z大学为例[D]. 武汉：华中师范大学，2021.

[2] 宋娜. 新时代陕西省地方高校内部管理体制改革研究[D]. 西安：西安理工大学，2019.

[3] 康宏伟. 盐城高职院校学生工作风险管理研究：基于项目管理的视角[D]. 南京：南京邮电大学，2019.

[4] 游应红. 中国石油大学学生工作模式转型研究[D]. 北京：中国石油大学，2016.

[5] 张洪峰，郭凤志. 高校学生工作品牌内涵探究[J]. 教育理论与实践，2018，38（33）：36-38.

[6] 李萌，何爽. 辅导员工作视角下高校学生工作品牌建设刍议[J]. 成才之路，2022（6）：13-15.

[7] 李宏. 对高职院校学生工作品牌建设的思考与实践分析：以扬州市职业大学为例[J]. 现代职业教育，2020（48）：36-37.

[8] 张齐平. 新形势下公安院校学生工作品牌建设路径探析：以河南警察学院为例[J]. 河南教育：高教版（中），2022（6）：20-21.

[9] 黄学南. 新形势下大学生工作品牌建设探析[J]. 湖北开放职业学院学报，2019（12）：40-41.

[10] 郁祥，许可塑，王璐. 新时代背景下高校学生工作的品牌建设路径研究[J]. 产业与科技论坛，2022，21（16）：278-279.

[11] 李宏. 浅谈如何以高校学生工作品牌建设促进教育品牌的外化[J]. 现代职业教育，2021（1）：24-25.

[12] 杨紫秋. 论学生工作品牌建设融入本科生专业素养提升的方式及其路径：基于湖北文理学院文学与传媒学院的探索[J]. 湖北文理学院学报，2021，42（12）：58-63.

[13] 张洪峰. 高校学生工作品牌遴选与推广之我见[J]. 吉林工程技术师范学院学报，2017，33（9）：39-41.

[14] 陈翰，郑卫敏. 高校学生管理品牌化建设分析[J]. 品牌研究，2019（15）：81-82.

[15] 陈力. 财经类高校MBA教育品牌形象建设研究[D]. 太原：山西财经大学，2022.

[16] 潘怀林. 学校品牌与建设策略[M]. 福州：福建教育出版社，2015.

[17] 丁蕾. 高校品牌构建与公共关系传播[M]. 北京：中国原子能出版社，2019.

[18] 李晓晨. 淮北市学校体育特色品牌建设研究[D]. 淮北：淮北师范大学，2022.

[19] 王帅. W学院品牌管理提升策略研究[D]. 石家庄：河北经贸大学，2021.

[20] 李鑫. 以高校学生工作品牌建设促进教育品牌的外化[J]. 现代交际，2016（9）：192-193.

[21] 刘洋，孟令秀. 民办高校学生现状分析与创建学生管理工作品牌[J]. 才智，2019（14）：73.

[22] 赵丽娟. 学生工作品牌项目引领思政教育的实践与探索：以山东青年政治学院为例[J]. 教育

　　　　教学论坛，2020（50）：260-261.

［23］唐凌云，聂娟. 构建高职院校学生基层工作品牌化建设长效机制研究［J］. 公关世界，2021
　　　　（24）：18-19.

［24］宋汉林. 论高校第二课堂工作品牌建设：以大学生法律援助中心为例［J］. 扬州大学学报：高
　　　　教研究版，2011，15（3）：90-93.

［25］曹玲. 助学工作的品牌建设探索：以南通大学理学院"校园可再生资源回收中心"为例［J］.
　　　　创新与创业教育，2013（3）：60-63.

［26］刘宇. "新常态"下高职院校学生工作精品项目培育建设的实践与思考：以江苏工程职业技术
　　　　学院为例［J］. 内江科技，2017，38（9）：126-127.

［27］吴成结. 学生工作品牌建设的创新实践探索［J］. 现代职业教育，2018（1）：20-23.

［28］方芳. 探索学生就业指导工作品牌建设创新［J］. 商情，2016（22）：167-168.

［29］李娜. 高职院校辅导员工作室建设路径探析：以成都农业科技职业学院为例［J］. 中外企业文
　　　　化，2021（2）：172-173.

［30］郑烨，黄慧. 高职院校学生党建工作品牌建设工程的探索与实践［J］. 科教文汇，2017
　　　　（23）：64-66.

［31］L.D.彻纳东尼，M.麦克唐纳. 创建强有力的品牌：消费品、工业品与服务业的品牌效益［M］.
　　　　北京：中信出版社，2000.

［32］丁家永. 品牌资产的变化［J］. 金融博览，2016（3）：2.

［33］闫德明. 学校品牌的涵义、特性及其创建思路［J］. 教育研究，2006，27（8）：81-83.

［34］穆光宗. 低生育危机与生育友好型社会构建［J］. 人民论坛，2023（8）：17-21.

［35］艾·里斯，杰克·特劳特. 定位：争夺用户心智的战争［M］. 北京：机械工业出版社，2021.

［36］田敏，李纯青，萧庆龙. 企业社会责任行为对消费者品牌评价的影响［J］. 南开管理评论，
　　　　2014，17（6）：19-29.